JOSE BLAZQUEZ PLAZAS

LE CHOIX DE JOSÉ

La lumière est dans le coeur des hommes

Mais s'épuise de brûler pour personne

Aimez-vous pour vaincre les ténèbres

Tant qu'il y aura partout orgueil, ignorance et misère

La lumière, au matin de justice

Puisse enfin décapiter nos vices

Dans un monde où Dieu pourrait se plaire

S'il décidait un jour de redescendre sur la terre

Epilogue – les Misérables

Victor Hugo

*Traduction de l'espagnol et présentation
de Maria Blazquez Dura*

José Blazquez Plazas à 18 ans

PRÉSENTATION

Mon père a écrit ses mémoires en 1992, dans le seul but de me raconter ce qu'avait été sa vie avant ma naissance.

Ces quelques pages restituent avec une authenticité touchante, des détails précis, des expériences vécues, l'ambiance et le climat social des années vingt et trente en Catalogne. José a grandi dans un milieu ouvrier marqué par la pauvreté, a combattu contre les fascistes de Franco pendant la Guerre Civile espagnole (1936-1939), a été capturé et emprisonné, et a dû lutter pendant des années, après la guerre, pour retrouver un travail de menuisier et une identité de citoyen dans une Espagne appauvrie et exsangue.

Très observateur, il possède un véritable talent pour restituer de mémoire des scènes et des images qui évoquent de manière sensible, presque tangible, la complexité et la violence de cette époque troublée.

C'était un homme passionné, entièrement dévoué à sa famille et d'une grande fidélité en amitié. Il a toujours cherché à comprendre le monde qui l'entourait. La brutalité et l'absurdité de la vie l'ont fréquemment plongé dans la perplexité et la colère. Mais malgré tous ses malheurs, il a toujours fait preuve de perspicacité et d'humour.

Maria Blazquez

Souvenirs de

JOSE BLAZQUEZ PLAZAS

(12 mai 1918 – 12 décembre 2014)

*A Maria, ma fille bien-aimée qui m'a demandé
d'écrire mes souvenirs*

*José enfant, Maria Plazas, sa mère assise,
à droite sa soeur aînée Josefa,
à gauche sa soeur Maria et son fiancé Julio*

CHAPITRE 1 - ENFANCE

Je crois que **l'année 1931** marque la fin de mon enfance sur un plan plus factuel que moral. Obligé d'abandonner l'école pour aider ma mère à subvenir aux besoins de première nécessité, j'ai commencé l'apprentissage de mon métier de menuisier à 13 ans.

Né le 12 mai 1918 à Llorca (province de Murcie- Espagne), j'avais 3 ans quand mes parents ont quitté leur pays natal pour s'installer à Rubi, Calle San Cugat en **1921** (province de Barcelone- Espagne) Ma mémoire n'a gardé aucune trace de ces trois premières années. Ce n'est que vers l'âge de 5 ans qu'apparaissent quelques vagues souvenirs, très flous et sans grand intérêt de mon point de vue aujourd'hui. Mais tout d'abord laisse-moi te rapporter ce que ma famille m'a raconté.

Mes parents ont dû quitter leur terre de Murcie à cause d'une grande sécheresse. Privée de pluie depuis des mois, la terre ne produisait plus rien et la famille n'avait plus de quoi manger... Nous étions encore cinq enfants à la maison d'une fratrie de sept. Josefa, ma sœur aînée, jeune veuve, vivait avec un vieux célibataire qu'on appelait El Rebollo. De cette deuxième union naquirent Andrès et Agueda que tu as connus mais qui ne sont déjà plus de ce monde. Francisco, mon frère aîné, faisait, à l'époque, son service militaire au Maroc espagnol. Restaient donc à la maison cinq enfants : Maria, Anita, Agustina, Andrès et moi, le dernier né. Mon père connaissait déjà un peu Rubi pour y avoir travaillé à la construction de la voie de chemin de fer qui relie aujourd'hui Barcelone à Terrassa et à Sabadell desservant sur son parcours de nombreux autres villages comme Rubi. C'est ainsi que mon père décida, un jour, d'emmener toute la famille à Rubi; mes sœurs plus âgées ne tardent pas à se placer comme domestiques de maison.

Mes premiers souvenirs comme je l'ai dit doivent remonter à **1923**. Je revois bien quoique de manière indistincte, le hangar qui nous tenait lieu de domicile à **Rubi**. Ce n'était pas fameux ! Mais au moins nous avions un toit sur la tête... Nous habitions au deuxième étage, à l'intérieur d'une cour où se trouvait une grande porte cochère qui avait dû voir passer, il y avait encore peu de temps, beaucoup de charrettes et des voitures tirées par des chevaux. Elle ouvrait sur la Calle San Cugat et faisait office de porte d'entrée et de sortie pour notre logis.

Le local qui nous servait de logement à proprement parler était long d'environ 4 mètres, et du côté qui donnait sur la cour, à hauteur du deuxième étage, se trouvait une ouverture au ras du mur d'environ 1.50 m de haut. Je ne me rappelle pas s'il était possible ou non de fermer pendant la nuit.

En guise d'ameublement, nous avions une vieille table cabossée et une espèce de lit pliant en maille métallique où je voyais mon père faire la sieste certains jours mais je suis incapable de me souvenir où nous dormions tous et s'il y avait une cuisine ou d'autres pièces.

Nous étions très pauvres! Il me revient en mémoire la première fois que je suis allé à **l'école protestante de Rubi**. Je revois la rue telle qu'elle était à l'époque, deux marches devant la porte d'entrée et un grand portail mais rien de plus. Je n'ai aucun souvenir de ce que nous faisions dans cette école. Sauf une fois, j'étais avec ma mère, nous allions apporter son déjeuner à mon père qui travaillait près de la rivière non loin de Can Roses sur la route de Terrassa. Ils préparaient le sable pour la construction. Au retour, j'ai voulu porter la bouteille de vin pour aider ma mère et j'ai bu, sans qu'elle s'en rende compte, tout le vin qui restait à petites gorgées. Je portais une blouse à rayures blanches et bleues, boutonnée de haut en bas qui était l'uniforme de l'école. Ma mère plongée dans ses pensées ne s'est pas aperçue tout de suite que j'avais besoin de la moitié de la route pour moi tout seul.

Heureusement en ce temps-là, il n'y avait guère que quelques chariots qui passaient de loin en loin sur la route.

Je me rappelle bien qu'à l'angle de la Calle San Cugat et du Carrer Fondou qui était l'avenue principale de Rubi, il y avait un arrondi et un petit mur de clôture protégé sur toute sa longueur par une grille en fer en forme de flèches qui pointent vers le haut. La partie supérieure de ce mur de clôture était décorée d'une bordure en azulejos de couleur verte sur laquelle je laissais courir ma main chaque fois que je passais à côté. Face à ce mur, le carrer Fondou croise à angle droit la Calle San Cugat qui, elle, continuait en direction opposée. On apercevait une grande porte rehaussée d'énormes clous en fer forgé. C'était l'entrée principale de l'hôtel de ville. C'est tout ce dont je me souviens de Rubi à cette époque.

En **1924**, très probablement, nous avons déménagé à **Castellar del Vallès** à quelques kilomètres de Rubi, toujours dans la province de Barcelone. Mon père avait trouvé un emploi d'ouvrier agricole dans un grand domaine. En plus de cultiver le potager, il avait la charge de tenir le registre des entrées et sorties des différentes denrées agricoles principalement, le vin, le blé, l'huile et de livrer au domicile des métayers la part des récoltes qui leur revenait. A cette époque, la plupart des agriculteurs étaient liés au propriétaire foncier qui leur allouait la terre pour la cultiver et ils recevaient en échange de leur travail, l'hébergement et une partie des récoltes mais pas d'argent. Quand je n'étais pas à l'école, j'accompagnais mon père dans ses tournées de répartition des diverses denrées chez les paysans. Je me souviens que quand venait le moment de livrer l'huile, je souffrais énormément du froid. Pour me rendre à l'école, je marchais environ une heure aller-retour, souvent en compagnie d'un camarade de classe qui habitait dans une autre grande ferme non loin de la nôtre.

C'est dans cette grande **demeure campagnarde**, qu'enfin nous eûmes pour la première fois une habitation digne de ce nom. Le logement que nous occupions se situait au premier étage et on y accédait par un escalier extérieur. En haut de l'escalier, la porte d'entrée ouvrait sur un couloir, à gauche, une grande chambre matrimoniale donnait sur le devant, à droite un couloir avec deux autres chambres pour les enfants - rien que de très normal. Au bout du couloir se trouvait la salle à manger avec une grande baie vitrée qui donnait accès à une immense terrasse. Au fond de la salle à manger, une porte vitrée ouvrait sur une cuisine spacieuse et une autre porte permettait d'accéder directement à la terrasse qui surplombait le splendide jardin potager et le verger de **Can Carne**. C'est ainsi que s'appelait la ferme, cette expression de « *Can* » suivi du nom de la famille était souvent utilisée en Catalogne pour les maisons de campagne. Je me rappelle que dans ce jardin, il y avait plusieurs variétés d'arbres fruitiers dont des poiriers qui produisaient des fruits délicieux. Je montais aux arbres et en saison, me régalais de poires et de mandarines à satiété. Le moulin à huile qu'on appelait en catalan « *trull* » jouxtait l'appartement. Une mule avec des œillères en toile de jute, qui lui recouvraient complètement les yeux, faisait tourner une grande meule de pierre à l'intérieur d'un pressoir, lui aussi en pierre, où l'on déversait les olives pour les moudre. L'huile s'écoulait dans une grande cuve attenante où l'on maintenait continuellement une grande quantité d'eau chaude grâce à un feu de bois et l'huile remontait à la surface de l'eau. Je faisais griller une belle tranche de pain sur le feu, puis, je la passais sur l'huile, et la saupoudrais de sel, et voilà comment j'ai commencé à adorer les grillades de pain à l'huile d'olive et au sel, un plaisir tout simple dont je suis encore très friand aujourd'hui, comme tu sais.

Je me rappelle bien aussi que la **señora Pepeta** qui était la propriétaire de Can Carne donnait un peu d'argent à mon frère Andrès pour qu'il se rende avec une charrette à bras chargée de choux fraîchement cueillis à Castellar pour les vendre à la criée. Plusieurs fois, j'ai accompagné mon frère et j'entends encore son cri résonner à mon oreille tandis que nous déambulions dans les rues du village : « Des choux magnifiques... Des choux fraîchement cueillis... Laissez-vous tenter! »

Et en un rien de temps tous les choux étaient vendus. C'est à cette époque que j'ai commencé à manger du chou vert accompagné de pommes de terres, le tout assaisonné de petits lardons et de leur huile de friture, un plat paysan catalan qui pour moi reste un délice. « *un pajès fotali cols* » (les paysans mangent des choux)

C'est dans cet appartement de Can Carne que j'ai eu

la rougeole : obligé de garder la chambre pendant quarante jours, je me souviens que ma mère avait mis des rideaux rouges censés atténuer la sensation de brûlure et la rougeur de la peau.

Au centre de la cour ou patio, un grand espace revêtu de briques avec une bordure servait au battage du blé et autres céréales. C'est dans cet espace, quand il n'était pas utilisé pour battre les grains, que nous avions pris l'habitude de nous retrouver tous les enfants pour jouer avec les filles des propriétaires. C'est à l'époque aussi où nous habitions à Can Carné que j'ai fait **ma première communion** et nous l'avons célébrée en même temps que la fille aînée des maîtres de maison qui avait le même âge que moi, **8 ans** exactement en **1926**. C'était la toute première fois que je montais dans une automobile, une Ford noire qui appartenait à des parents de la famille des propriétaires.

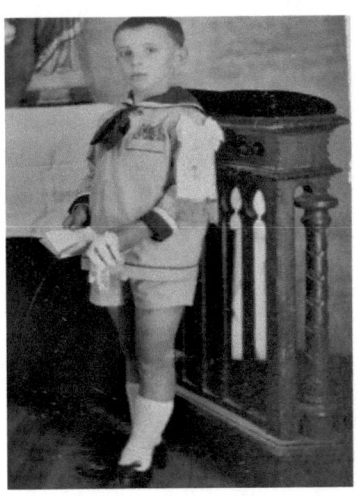

José le jour de sa première communion

Ils nous conduisirent à la cathédrale de Castellar en

même temps que leur fils qui, lui aussi, faisait la communion le même jour, et à la fin de la cérémonie, ils nous ramenèrent tous en voiture à la maison. Dans l'après-midi, nous retournâmes à la cathédrale en voiture chercher notre certificat de communion privée.

Les propriétaires de Can Carné insistaient pour prendre à leur frais toutes les dépenses. C'étaient de fervents catholiques et ils disaient que cela leur faisait plaisir. Il est vrai qu'ils se montrèrent toujours généreux à notre égard et que notre famille ne manqua jamais de toutes les denrées que produisait le domaine : nous avions tous les fruits et légumes que nous pouvions désirer, ainsi que du vin, de l'huile, de la farine, et aussi des poulets, des lapins des œufs à profusion. Bien sûr, mon père travaillait très dur et ma mère était toujours occupée à leur coudre des vêtements et à leur rendre quelques services mais elle ne s'occupait pas du ménage. Ils avaient leurs propres domestiques de maison et des garçons de ferme pour s'occuper de l'élevage des divers animaux : lapins, poules, canards, cochons, chevaux. Je me rappelle que les poulets et les poules se promenaient en liberté dans le patio et dans les champs aux abords de la maison. Après la récolte, le blé attendait le battage, et les poules venaient y déposer leurs œufs dans des nids bien cachés.

C'était un grand bonheur pour moi de les ramasser et de les apporter à un homme qui devait avoir alors dans les soixante ans. Il s'appelait Pelegrin et il prenait soin des animaux. C'est lui qui comptait les œufs et les préparait pour la vente. Quelquefois, en cachette, j'avais apporté des œufs aux journaliers qui travaillaient les vignes à proximité de la maison. Je bavardais un peu avec eux et ils étaient toujours très contents de me voir arriver. Pas étonnant ! Je leur ramenais des douzaines de bons œufs frais! Je crois que les propriétaires n'auraient pas été trop contents d'apprendre çà! Mais il y avait des œufs en abondance et ces pauvres paysans me racontaient tant de misères, que je ne songeais plus qu'à soulager leur faim, avec mes petits moyens. Une fois, pendant les vendanges, j'ai voulu les aider à tailler les sarments de la vigne. J'étais équipé d'une petite faucille en forme de crochet qui m'a échappé des mains et je me suis fait une entaille assez profonde entre le pouce et l'index de la main gauche.

- « Va pisser un bon coup et enduis ton doigt avec un peu de terre mélangée à ton urine. Cette boue empêchera le sang de couler, me dit un des paysans.

- Ça marche très bien aussi pour calmer les piqûres de guêpes si jamais ça t'arrive », ajouta un autre.

Nous n'avions rien sur place pour désinfecter : pas de trousse de premier secours ni de pharmacie à proximité. Ce ne fut rien de grave et la plaie n'eut pas le temps de s'infecter; de retour à la maison ma mère la nettoya bien avec de l'alcool et on n'y pensa plus.

Nos patrons de Can Carné auraient bien aimé me voir suivre une carrière d'ecclésiastique. Ils étaient prêts à financer mes études si j'acceptais d'aller au séminaire à Milan, mais mon père s'opposa catégoriquement à un tel destin. Pour ma part, j'étais bien trop jeune pour donner mon avis et je me gardais de faire la moindre réflexion, mais je me félicitais silencieusement, en mon for intérieur, de son désaccord.

Quelque temps après, **je devais avoir dans les dix**

ans, mon père quitta son emploi de Can Carné et loua des terres qui appartenaient à ces mêmes propriétaires. Un champ était destiné aux cultures maraîchères, situé du côté de « **Moli de Busquets** », à un quart d'heure à pied de la maison, et à pas plus d'une demie heure de Castellars. À cette même époque, il prit également en location une vigne dite de « **Can Padro** » qui se trouvait de l'autre côté de Castellars. Nous avons emménagé dans **une maison dotée d'une grande cour** où on pouvait laisser le chariot et d'une écurie pour notre jument que nous avions dû acheter pour pouvoir travailler et transporter la terre. Je me rappelle bien que je montais à cheval les fois où nous ne prenions pas le chariot. Je conduisais la jument au pâturage et j'allais lui chercher du fourrage dans un grand sac sans qu'on me voie, car nous n'avions pas assez de terrain pour cultiver du foin et des céréales. Avec nos petits moyens, mon père achetait tout de même quelques graines et des caroubes pour compléter son alimentation car le foin seul ne suffisait pas à nourrir la jument.

La première maison où nous avons vécu à Castellar se trouvait au **n° 12 de la Calle de San Lorenzo**. Au sortir de l'école, je devais aider mes parents avec de petits travaux. En milieu de journée, entre les cours du matin et ceux de l'après-midi, je mangeais un bout en vitesse et apportais le déjeuner à mes sœurs qui travaillaient dans une usine à une demie heure à pied de la maison. C'était la course!

C'est pendant que nous habitions dans cette maison que ma sœur Maria décida de convoler en justes noces. Elle avait rencontré Julio son fiancé à Rubi et après leur mariage ils s'installèrent à Rubi. Quant à Anita, une autre de mes sœurs, elle ne tarda pas à épouser Vicens, un garçon de Castellar. Il était cordonnier Calle de la Mina à Castellar. Nous n'étions donc plus que trois à la maison avec nos parents : Francisco qui était rentré du service militaire au Maroc, Agustina, Andrès et moi. Tous ces évènements ont dû avoir lieu entre 1927 et le début de l'année 1931 qui fut marquée par **la mort de notre père le 19 février 1931**, après une longue maladie qui dura environ un an. Ma mère ne souhaitant pas rester dans cette maison plus longtemps, nous allons vivre dans **une autre maison Calle del Puig de la Creu.** Quelque temps après j'ai commencé mon apprentissage en menuiserie chez un artisan non loin de là. Je venais d'avoir 13 ans. J'ai pris congé de mes professeurs Señor Valls et Señor Pla à regret et abandonné l'école définitivement par la force des choses.

De ces **années d'école**, où j'avais fréquenté l'école Patronato Tobira à Castellar, ainsi nommée en l'honneur du fabricant de textiles, propriétaire de plusieurs filatures à San Barba et à Moli de Busquets qui en avait fait don à la municipalité, je garde surtout des **souvenirs associés à des bêtises** de gosse, comme tous les enfants peuvent en faire, sans grande importance mais qui entraînent quelques punitions mémorables. Ainsi je me rappelle de señor Pla, un de mes maîtres : il nous ordonnait de nous agenouiller à côté de son bureau, le visage tourné vers le mur; nous devions tenir deux livres dans chaque main, à bout de bras, avec interdiction de les baisser et quand c'était fini, il nous donnait un petit coup de règle sur les doigts. C'est ainsi que s'acheva mon enfance mais je dois quand même dire que tout en travaillant déjà à Can Feliuet, la menuiserie où j'ai fait mon apprentissage, j'ai continué avec des copains à faire des bêtises qui n'allaient pas sans quelques désagréments.

Une fois avec **Domingo Colomer**, d'un an mon cadet, nous sommes allés dans **une carrière** où il travaillait, et nous avons empruntés un maillet, divers burins, des joints biseautés et autres outils trouvés sur place que l'on utilise couramment pour tailler et équarrir la pierre avant d'en faire des bordures de trottoir par exemple. Dans un lieu-dit « *la Torre señorita* », non loin de Castellar se trouvaient des terrains en terrasse, où l'on avait autrefois cultivé des vignes, mais à l'abandon depuis longtemps. Ces restanques étaient la propriété de l'État et tout le monde pouvait les utiliser. Nous nous étions mis en tête de construire un tunnel et un puits que nous avons creusé jusqu' à deux mètres de profondeur et nous voulions lui faire un revêtement en pierre de taille. Un beau jour, des mois plus tard, il faut croire que le propriétaire de la carrière avait découvert entre temps que nous étions les détenteurs de ses outils, toujours est-il, que nous avons vu apparaître à la maison « *los mozos de escuadra* », autrement dit la police municipale de Catalogne qui existait encore en ce temps-là, mais disparaîtrait avec l'arrivée de Franco au pouvoir. Ils nous ont obligés à prendre les outils et nous ont escortés dans les rues du village jusqu'au domicile du señor Sente, le propriétaire de la carrière et des outils. Sur un ton solennel et triomphant, ce dernier ne manqua pas de nous asséner une bonne leçon de morale : il déclara qu'il avait besoin de tous ces outils pour gagner sa vie et qu'il donnait du travail à des personnes comme mon copain Domingo. Il nous demandait aussi de nous engager à ne plus refaire une pareille chose car de telles actions entraîneraient des conséquences désastreuses pour notre avenir. Pour cette fois il se montrerait indulgent envers Domingo et il ne s'opposerait pas à ce qu'il continue de travailler pour lui à la carrière. Quant aux agents municipaux, ils nous dirent : « Si Señor Siente veut bien vous pardonner, alors, nous aussi, nous fermerons les yeux »

Ainsi prit fin notre projet de construction du puits et du tunnel!

En évoquant cette frasque de jeunesse, me remonte en mémoire une autre sottise du même acabit perpétrée quelque temps auparavant. J'étais avec un autre copain, **Martin Riera**. Nous nous amusions tranquillement dans la Calle Pla à Castellar, lorsque tout à coup, l'un entraînant l'autre, nous nous mîmes à fanfaronner : celui qui réussirait le premier à démolir à coups de pierres lancées de la rue, la cheminée toute neuve d'une maison récemment construite, recevrait cinq pesetas de l'autre. Notre méfait accompli, nous avons descendu la rue tranquillement, comme si de rien n'était, et c'est là, alors que nous étions presque au bout de la rue, que se dressa soudain, devant nous, une dame avec un tablier qu'elle tenait replié sur le côté et dont je vois encore très distinctement la silhouette menaçante et l'expression courroucée : « Je vous connais, chenapans, je vous ai vus casser la cheminée! Ne croyez pas que vous allez vous en tirer à si bon compte, car je vais porter plainte contre vous ».

Un jour, en notre absence, ma pauvre mère et celle de Martin reçurent la visite inattendue de la police. Il s'en suivit pour l'un comme l'autre, une cuisante fessée qui nous laissa tout endoloris, et il nous fallut casser la tirelire où nous gardions l'argent que nos parents nous donnaient parfois pour un service rendu où un anniversaire, pour payer une cheminée neuve, rien moins que 36 pesetas chacun. Une somme rondelette qu'un ouvrier mettait au moins deux jours à gagner en ce temps-là.

Je crois que ce sont là les deux plus grosses bêtises de ma vie de gosse. Après le coup de la cheminée, j'ai commencé à me calmer, et je me suis consacré à des activités moins répréhensibles moralement et moins coûteuses financièrement. Désormais, **le vélo** occupe le plus clair de mon temps. Au début, j'ai appris à en faire avec un vélo de location sur un tronçon de route qui passait par l'intérieur du village. Il y avait des piles de gravats destinés à la réfection des routes avant de les goudronner. Je commençai à bien tenir l'équilibre mais en contrebas de la côte, encore dans le lointain, j'ai vu surgir une auto, - quelle déveine! -c'était vraiment exceptionnel : d'habitude on pouvait compter les voitures qui prenaient cette route, et c'est précisément à ce moment-là, qu'une d'elles faisait son apparition. Complètement déstabilisé, je partis à gauche au lieu d'aller à droite, et j'atterris, après un vol plané, sur toute ma longueur, le long d'une de ces piles de gravats. Je ne me suis pas fait bien mal, seulement quelques égratignures aux jambes, mais j'ai encore à l'oreille la voix d'un passant qui m'a dit en Catalan : « *Si hu tornas a fer et dono una pela* » (si tu le refais je te donne une peseta).

Andres Blazquez et Maria Plazas, les parents de José

Une autre fois, je devais avoir dans les seize ans, j'étais à bicyclette sur la route entre Terrassa et Martorell, un morceau de route qui s'appelait « las once de Martorell », la chambre à air d'un des pneumatiques est sortie de sa jante en pleine descente : je me suis retrouvé sur le cul, et j'ai été entraîné ainsi sur plus de six mètres avant de parvenir à me remettre sur pied. Mon pantalon en lambeaux dévoilait un postérieur bien écorché, la peau avait été arrachée mais rien de grave. Ces petits accidents toutefois ne m'ont pas découragé et je me suis bientôt lancé dans des excursions de plusieurs kilomètres à bicyclette. J'ai même participé plusieurs fois à la course organisée pour la fête patronale de Castellar.

CHAPITRE 2 - APPRENTI MENUISIER

Mais il me faut revenir sur **l'année 1931** pour préciser que cette année-là fut non seulement une année de fractures dans ma vie personnelle à commencer par le décès de mon père, la fin de ma scolarité et de mon enfance mais ce fut aussi une année de bouleversements politiques dans l'histoire de l'Espagne. En effet le 14 avril 1931, après des décennies de monarchie, les Républicains espagnols remportent les élections et ce fut l'avènement de la Seconde République. Pour mémoire la première République avait été portée au pouvoir en avril 1873 mais n'avait duré que quelques mois, jusqu'en janvier 1874. Pendant cette courte période, plusieurs présidents se succèdent au pouvoir : Estanislao Figueras FPI y Margall - le 11 juin, très vite remplacé par Don Nicolas Salmeron Alonso, lui-même supplanté, le 7 septembre de la même année, par Don Emilio Castelar. Et peu de temps après, ce fut le retour de la monarchie avec la personne du roi Alfonso XII de la famille des Bourbons qui régna dix ans entre 1875 et 1885. Alfonso XII mourut jeune, à seulement 28 ans, et ce fut son épouse, la reine Dona Maria Christina qui assura la régence jusqu'à la majorité de leur fils Alfonso XIII qui est le grand père de l'actuel roi d'Espagne Don Juan Carlos. En avril 1931 avec la victoire de la seconde République espagnole, Alfonso XIII s'exila en Italie où le jeune Juan Carlos grandit et reçut une éducation.

Tout comme la Première République qui l'avait précédée, la Seconde République fut constamment soumise aux assauts de la réaction monarchique et des militaires fascistes jusqu'à ce que le 18 juillet 1936, le général Franco, à la tête d'une horde d'Arabes, son bataillon préféré, lance l'insurrection armée contre la république légalement constituée par les Espagnols depuis l'Afrique du Nord où il exerçait alors son commandement sous la tutelle du gouvernement de la République. Le président Don Manuel Azana ordonna la dissolution de l'armée et distribua des armes aux citoyens ce qui mena, le **19 juillet 1936**, à l'entrée en résistance du peuple espagnol contre le fascisme et à **la Guerre Civile**.

Mais avant de poursuivre mon récit de la guerre, il me faut dire quelques mots de mon passage à **Can Périco**. Périco qui est le diminutif de Pera en Catalan, avait son atelier non loin de chez moi sur la Calle Puig de la Creu (Montée de la Croix) Il était non seulement menuisier mais aussi tonnelier. Dans cet atelier, j'ai pu voir comment se fabriquent les tonneaux pour le vin, un artisanat très complexe que je n'ai jamais maîtrisé, car j'étais déjà fort occupé en menuiserie et chargé de faire toutes les commissions, porter les messages, prendre ou livrer les commandes. Cela devait faire un an que je travaillais chez Périco, lorsque l'accident se produisit (un accident que je finirai par avoir moi-même des années plus tard en France dans l'atelier de Monsieur Lagoutte). Il me semble encore voir le doigt de Périco gisant inerte sur le sol, après avoir entendu un cri étouffé sous le vacarme des machines.

J'ai ramassé le morceau de doigt amputé et j'ai couru chercher de l'aide pendant que Périco pansait lui-même la main blessée avec son mouchoir. Après la mort de mon père, ce fut le premier véritable choc de ma vie. À la suite de cet accident, Périco et sa famille s'installèrent dans un grand mas qu'ils avaient fait construire sur la route de San Manat, et l'atelier de menuiserie fut déplacé. C'est là que j'ai continué de travailler; j'espérais toujours apprendre le métier de menuisier-ébéniste mais ma vie d'apprenti suivait un cours monotone. J'ai plus appris en voyant les autres faire qu'en faisant moi-même. En semaine, j'étais le commis de service qui faisait tout ce que les autres ne voulaient pas ou n'avaient pas le temps de faire. Et tous les dimanches matins, jusqu'à deux heures de l'après-midi, je balayais l'atelier. Quelque chose tout à coup me remonte en mémoire : ce sont les piles de bâtons, des espèces de gourdins en bois d'Ikori, un genre de noyer d'Amérique dur comme du fer, ma tâche consistait à les polir à la main à l'aide d'un rabot qu'il me fallait affûter sans cesse. Très souvent, ils me demandaient aussi de corroyer des pièces de bois pour en faire ensuite des chambranles de portes et des moulures. J'ai appris ainsi à bien connaître les différents outils pour façonner des mortaises, des rainures des tenons avec des outils manuels, (scies, rabots, racloirs, ciseaux à bois, limes, râpes...) mais les grosses machines (dégauchisseuse, toupie) me demeurent interdites et j'avais seulement le droit de les nettoyer ce qui retardait considérablement mon apprentissage. Trois ans s'écoulèrent ainsi, ce qui était le temps réglementaire pour apprendre un métier.

J'ai eu 16 ans en 1934 et je ne gagnais toujours que 10 pesetas par semaine. Légalement, mon patron aurait dû augmenter mon salaire mais il préférait me garder comme apprenti plutôt que de me rémunérer comme un ouvrier qualifié. Le père Perico et son fils Feliu : c'étaient eux les hommes du métier. Le fils Feliu avait tendance à ne pas très bien me traiter ce qui me prenait parfois la tête. Le plus intéressant pour moi, ces derniers temps, chez Can Périco, c'est qu'ils me laissaient récupérer les chutes de bois aplanies et travaillées en tenons et mortaises et je n'avais plus qu'à les couper à la bonne mesure pour construire des **cages à grillons**. Je fabrique ces cages sur commande de la quincaillerie où j'allais souvent acheter des clous et des vis pour la menuiserie. Ils me donnaient 25 centimes soit une pièce d'argent, ce que nous appelions alors « un real », pour chaque cage. J'étais content, car grâce à la vente de ces cages, je n'avais pas de mal à doubler mon salaire et je pouvais facilement en confectionner une cinquantaine par semaine. À l'époque, la demande pour ces cages à grillons était forte et elles se vendaient comme des petits pains. Les patrons de la quincaillerie me réservaient les chutes de toile métallique qu'ils vendaient pour faire des moustiquaires sur les portes et les fenêtres. Ainsi je n'avais aucun frais en achat de matériel, et mon travail était propre et bien fini.

Je me suis mis aussi à construire un établi pour pouvoir travailler à la maison et réaliser de petites choses. Je prenais goût à ma nouvelle indépendance. Mon beau-frère Vicens me fit cadeau d'un rabot qui avait appartenu à son père et qui est encore en ma possession, ainsi que d'une varlope et d'une scie. Ce furent-là mes premiers outils. J'ai acheté aussi à ce moment-là, mon premier marteau avec de l'argent que j'avais gagné à la quincaillerie en vendant les cages à grillons. Ce marteau je l'ai conservé toute ma vie malgré tous les déplacements, je ne l'ai jamais perdu. Aussi ai-je été très contrarié, le jour où des voleurs sont entrés dans l'atelier de Monsieur Lagoutte à Cagnes sur Mer dans les années 70, et me l'ont pris dans ma caisse à outils avec d'autres accessoires. Ce marteau symbolisait, je crois, toute mon adolescence.

Enfance et adolescence vont de pair dans ma tête et mes meilleurs souvenirs de cette période sont associés aux balades en vélo, au cinéma, mais plus que tout, sans doute, aux bals populaires que j'ai commencé à fréquenter assidûment dès l'âge de 15 ans. J'adorais danser le paso, la valse, la rumba, le swing aussi, mais c'est le tango que j'aimais plus que tout. Je prenais un grand plaisir, le matin dans la salle de bains, à chanter des tangos célèbres comme « *la cumparsita* », « *silencio* », « *caminito* », « *A media luz* », « *Adios muchachos* » etc. et il m'arrivait d'en jouer, plus d'une fois, pour séduire les filles... Les escapades à bicyclette étaient mon autre grand plaisir : mon premier vélo avait appartenu à mon frère Andrès qui me le céda lorsqu'il partit faire son service militaire. C'était un très beau vélo avec lequel il avait gagné plusieurs courses. Andrès était un champion de ce sport. Pour ma part, j'ai fait plusieurs randonnées avec différents amis que je retrouvais le dimanche et nous parcourons parfois jusqu'à 200 kilomètres. J'ai participé aussi à quelques courses à Castellar mais je n'ai jamais remporté la première place comme Andrès. Une fois seulement, je suis arrivé en quatrième position. Quant au cinéma, je garde encore le souvenir de plusieurs films qui m'ont marqué comme « *Les quatre cavaliers de l'Apocalypse* », « *Dracula* », « *Dr Jekyll et Mr Hyde* », « *Les lumières de la ville* » ou « *Les temps modernes* » de Charlot.

En **1934** après presque quatre années d'apprentissage à Can Périco, je me suis retrouvé au **chômage**. Comme je l'ai dit, mon patron ne voulait pas d'un ouvrier qualifié mais seulement d'un apprenti. Malgré la **crise économique d'avant-guerre**, j'ai réussi à retrouver **un emploi à San Manat**, un village situé à 5 kilomètres de Castellar. Chaque jour, je faisais les aller-retours à vélo. Pour la première fois, je devais emporter mon casse-croûte pour le déjeuner car c'était trop loin pour rentrer à la maison mais ça ne me déplaisait pas. Le premier travail qu'on me demanda de faire fut de tapisser les murs du cinéma local avec un tissu rouge façon toile de sac, et c'est là, où le patron m'autorise pour la première à travailler sur les machines.

CHAPITRE 3 - EMOIS AMOUREUX ET GUERRE CIVILE

Quand j'allais **au bal à Castellar** j'avais mes cavalières attitrées qui me faisaient toutes les yeux doux, mais à cet âge, je tenais beaucoup à mon indépendance et je voulais rester libre de choisir mes partenaires parmi les nouvelles venues, surtout dans les grandes occasions, comme les fêtes du village qui attiraient toujours des étrangères. Une seule, parmi ces jeunes femmes, me causa quelque tourment de cœur, car contrairement aux autres, elle ne me témoignait pas l'attention que j'aurais espéré et je dois admettre que sa froideur déclencha mes premiers émois amoureux. Une fois cette crise surmontée, mes escapades au bal devinrent plus désintéressées et aussi plus confortables pour mon amour propre, car je ne recherche rien d'autre que le plaisir de la danse. Pourtant, c'est pendant cette période où je travaillais à San Manat, que je fis la connaissance au bal, d'une autre jeune fille dont je n'ai pas oublié le nom à ce jour : **Maria Batlles**. Je la trouvais charmante et nous nous accordions parfaitement pour danser. La pauvre! Elle ne tarda pas à s'illusionner, et même si elle ne me laissait pas indifférent, je restais fidèle à ma résolution de garder ma liberté, ce fut donc à mon tour d'affecter une certaine froideur.

Mon contrat de travail à San Manat n'était que temporaire et prit fin **début 1936**. Je n'ai pas retrouvé de travail dans mon métier à cause de la crise mais j'ai pu me placer comme **journalier à Can Sallent**, une grande ferme près de Castellar. J'ai continué d'aller au bal à San Manat mais moins souvent qu'auparavant. Nous n'avions pris aucun engagement avec Maria et mon nouveau travail me fatiguait plus que le travail de menuisier.

J'apprenais à cornaquer les mules et les chevaux ainsi que le dur travail de la terre qui venait s'ajouter à l'entretien des terres à Moli de Busquets que nous avions gardées pour subvenir aux besoins de la famille et dont je m'occupais seul depuis la mort de notre père. Mon frère Andrès n'avait jamais voulu cultiver la terre, c'est tout juste s'il me donnait parfois un coup de main au moment de la récolte.

Le début de la guerre civile en juillet 1936 mit brutalement fin à cette vie de labeur qui n'allait pas, malgré le peu d'argent dont nous disposions, sans des moments de bonheur. **Je venais d'avoir 18 ans en mai 1936** et j'étais persuadé, comme beaucoup d'autres jeunes gens, que mon devoir était de défendre la République face à la menace fasciste. Je partis donc m'engager comme volontaire dans les brigades de guérilleros. Je fus immédiatement transféré sur **le front d'Aragon à Agriès**, un village de la province de Huesca. Les premiers combats, le manque de nourriture, la privation de sommeil alors que nous tombions de fatigue, la crasse sur nous car il était impossible de se laver et la vermine qui t'accompagne partout, les nuits interminables, le bruit des canons, les blessés quand ce n'était pas les morts qui passaient sur des brancards, tout cela m'apprit que la guerre n'était pas un jeu. Plus d'une fois alors je me suis dit : « Qu'est-ce que tu es venu faire ici? Sur qui est-ce que tu tires? » Finalement ce qui s'imposait à moi, c'était le désir d'en finir vite avec cette guerre, pour que la paix puisse régner de nouveau, mais en attendant, je n'avais pas d'autre choix que de défendre ce que je croyais être mes valeurs, pas d'autre choix que de faire ce qu'on appelait son devoir.

Ainsi passèrent plusieurs mois au cours desquels

j'écrivais régulièrement **à ma mère** d'abord pour la rassurer sur mon sort, qu'elle puisse garder l'espoir, car de la vaillance je ne peux rien en dire, la peur, par contre, je pourrais en parler plus longuement, mais l'oubli est préférable, puisque de toutes façons, il fallait que tu la supportes, cette peur, presque en permanence. Heureusement, dans les rares moments d'accalmie il me semblait que j'oubliais que j'avais peur. J'ai pris l'habitude d'écrire aussi des lettres **à** cette jeune **Maria** que j'avais connu au bal à San Manat. Nous trouvions tous deux un certain réconfort à échanger des lettres. Elle croyait voir en moi un espoir pour son avenir, et moi, je lui racontais des prouesses dont je me serais bien passé.

A l'occasion d'une longue permission qui finit par m'être accordée, je décidai d'aller lui faire une visite, mais une fois devant chez elle, je dois l'avouer, je ne sais quelle lâcheté s'est emparé de moi, je suis demeuré interdit, sans oser frapper à sa porte. Elle l'apprit par quelqu'un qui me connaissait et qui me vit repartir sans entrer chez elle. Faute de lui avoir rendu visite comme j'en avais l'intention, je lui écrivais une nouvelle lettre. Elle me répondit que sa déception était d'autant plus grande qu'elle venait de perdre sa mère et que ma visite lui aurait été une preuve d'affection et un grand soutien dont elle avait grand besoin. De fait, elle préférait mettre fin à nos relations épistolaires. Pourquoi avoir agi de cette façon? je ne sais. L'avenir, il est vrai, était plus qu'incertain, et je ne souhaitais pas m'engager, peut-être aussi avais-je le goût d'une certaine aventure. J'étais encore si jeune, je préférais vivre un jour après l'autre, ne pas faire de projets, mais je dois reconnaître aussi que j'avais peur du rejet et de l'échec. La vérité dans cette histoire c'est que j'ai manqué de courage.

Pendant le temps de ma permission, je suis resté à Castellar où j'ai eu deux **aventures amoureuses** : la première s'appelait Montserrat, et la deuxième Antonia. Bien que fiancée à quelqu'un qui l'avait demandée en mariage à deux reprises, **Montserrat** rompit ses fiançailles pour me signifier son intérêt, mais voyant que je n'étais pas prêt à renoncer à ma liberté, un beau jour, elle refusa d'écouter plus longtemps mes belles paroles et prit ses distances. Finalement, elle choisit de retourner auprès de son prétendant qu'on appelait « el francès /le français » parce qu'il avait habité quelques temps en France. Avec **Antonia**, les choses prirent un tour plus sérieux; je fus reçu chez elle, et sa mère qui était veuve ne voyait aucun inconvénient à ce que je fréquente sa fille, au contraire, elle faisait tout son possible pour nous faciliter les choses.

J'avais plusieurs photos d'Antonia que je perdis lors d'un combat au cours duquel je fus obligé de fuir en abandonnant tous mes effets personnels. Ces évènements eurent lieu en 1937 tandis que les autorités républicaines procédaient à une réorganisation de l'armée. Les derniers enrôlés, nés comme moi en 1918, avaient été mobilisés par anticipation bien que trop jeunes. Ils n'avaient que 18 ans au début de la guerre et n'auraient pas dû être appelés avant 1939, d'où le nom qu'on leur donna « quinta 1939 » mais les besoins en hommes sur le terrain, en décidèrent autrement. On les appelait aussi « **les recrues du biberon** » parce qu'ils étaient les plus jeunes combattants.

CHAPITRE 4 - ELISA

Sur le moment, du fait de mon année de naissance, je n'ai pas dû rejoindre tout de suite mon unité sur le front d'Aragon. Je fus envoyé dans **un camp d'entraînement militaire à San Cugat del Vallès** où je suis resté trois mois. C'est là que j'ai rencontré celle qui aujourd'hui encore est mon épouse et la mère de mes deux filles qui, espérons-le, se reconnaîtront sans peine, si un jour, il leur prend la fantaisie de lire ces mémoires peu enthousiasmantes.

Elisa Dura Monpou

Au cours de ces trois mois à San Cugat, je passais le

plus clair de mon temps libre à essayer de voir **Elisa**. Pour ma part, il n'était rien que je désirais davantage que d'être avec elle, mais elle, de son côté, ne montrait pas trop d'empressement. En me voyant, la première fois, la boule à zéro, étranger au village de surcroît, elle n'a pas dû manqué de mettre en doute mes bonnes intentions. Je lui donnais des rendez-vous par l'intermédiaire de son amie Elisenda ou de mon ami Martin qui lui portait mes messages. Je lui exprimais ma flamme, mon ardente envie de la revoir, lui proposais d'aller au cinéma ou de faire un paseo. J'espérais la revoir au prochain bal mais la plupart du temps, elle ne venait pas, alors, je lui écrivais que mon cœur battait la chamade rien qu'en pensant à elle, et que j'étais accablé de chagrin de me voir ainsi rejeté et si peu considéré. Pauvre de moi ! Comme je souffrais de son indifférence et de son silence. J'avais tellement besoin d'affection dans ma situation.

Le jour arriva où je devais rejoindre le front en Aragon et cela faisait des jours et des jours que je n'avais pas vu Elisa. D'ailleurs quand je la voyais, elle était toujours en compagnie de son amie Elisenda. Heureusement que Elisenda semblait me trouver sympathique. Un peu plus âgée, Elisenda voyait bien que tous mes regards, toutes mes paroles étaient pour Elisa. Quand vint le moment de partir par le train militaire, celui-ci resta longtemps à l'arrêt en gare de San Cugat, et jusqu'au dernier instant, avant qu'il ne s'ébranle, j'ai espéré qu' Elisa vienne me dire au revoir. Je lui avais fait savoir par mon ami Martin que ce serait pour moi une immense joie si elle venait me faire ses adieux. Mais elle n'est pas venue.

Ainsi s'acheva mon séjour à San Cugat. Ma relation avec Elisa me laissa un petit goût doux amer au bord des lèvres. En trois mois, en effet, je ne l'avais vue que bien peu de fois. Nous aurions pu tellement mieux nous connaître, danser ensemble, aller au cinéma; nos promenades furent un peu plus fréquentes mais nous n'étions jamais seuls tous les deux, et je n'ai jamais pu lui dire tout ce que j'aurais tant désiré lui dire. Elisenda, son amie et chaperon, m'avait témoigné une certaine amitié. Elle était plus détendue qu'Elisa, paraissait désintéressée et appréciait mes plaisanteries. Elisa était plus jeune de deux ou trois ans, plus craintive, elle se méfiait un peu je crois; je n'étais, à ses yeux, qu'un soldat étranger au village qu'elle ne connaissait ni d'Eve ni d'Adam, et pourtant je me refusais à penser que je ne lui plaisais pas du tout; je voulais continuer à espérer qu'elle n'était pas complètement insensible à mes déclarations d'amour et à mes compliments.

Elisa à 18 ans

CHAPITRE 5 - TERUEL

Après deux jours de voyage, j'ai atteint **le front d'Olieté dans la province de Teruel** en Aragon; mon premier gîte pour la nuit fut une grange. Combien de gens étaient déjà passés par là? Epuisé, chargé d'un lourd sac à dos, cet endroit m'apparut plutôt accueillant et presque splendide et je ne tardai pas à m'endormir. A mon réveil, quelle ne fut pas ma surprise en constatant le tohubohu grouillant de vermine sur mon corps : sous mes aisselles et dans les parties poilues, les poux festoyaient et se délectaient du sang frais. Jamais je n'avais connu une telle abondance !

Nos rations ne furent jamais formidables. Des lentilles à chaque repas. Je finis par les détester mais on ne choisit pas, et « faute de grives on mange des merles ! » (a falta de pan, buenas son tortas). Le fait est, qu'après trois ou quatre jours de ce régime, mon pauvre estomac s'en trouva tout détraqué. Je revois bien la grange sur un sommet dénudé, exposé à tous les vents, et les lumières pâles au fond la vallée à la nuit tombée ainsi que le petit sentier qui descendait à flanc de montagne et conduisait à une gargote où quelques habitués qui s'ennuyaient comme des rats morts venaient jouer aux cartes et s'imbiber d'une vinasse qui n'avait de vin que le nom. Un soir où je me trouvais là, dans ce bouiboui du bout du monde, j'ai cru que ma dernière heure était arrivée. Je me suis précipité à l'extérieur :il faisait nuit noire et mes boyaux se tordaient de douleur. Je n'ai jamais su ce que j'avais au juste. C'était impossible de consulter un médecin et je n'en ai parlé à personne mais j'ai craint le pire à la vue du sang dans mes selles. Heureusement tout est rentré dans l'ordre au bout de quelques jours.

On nous emmena bientôt **sur le front d'Armillas**, un autre village de la même province de Teruel : le calme régnait dans les champs que plus personne ne cultivait. C'est là que j'ai vu, pour la première fois, les plants de crocus qui produisent le safran. Je ne me rappelle plus combien de temps nous sommes restés là à faire les relèves dans les tranchées, de jour comme de nuit, quand c'était notre tour, des fois plus près, d'autre fois plus loin. Un jour où il pleuvinait ils déplacent le bataillon dans un lieu non loin de Vivel del Rio, un autre village qui était occupé par les hommes de Franco. Avec Martin, mon compagnon, nous avons construit deux murs de pierre que nous avons recouvert avec des branches de chêne des garrigues, un arbuste qui ne pousse pas plus haut qu'un mètre cinquante, de la famille des chênes verts mais avec des feuilles piquantes, qui produit des glands. C'est tout ce que nous avons trouvé pour nous abriter du froid et nous n'avions qu'une seule couverture pour nous deux. Plusieurs jours d'escarmouches et de fusillades passèrent sans en arriver jamais à ce qu'on pourrait appeler un véritable combat. Plus de peur que de mal en vérité, mais si j'avais pu me volatiliser, je l'aurais fait sur le champ. L'héroïsme, ce n'était pas mon fort et il est clair que je n'avais pas l'étoffe d'un valeureux guerrier. Je reconnais que ça m'aurait bien plu d'être un aventurier, du moins c'est ce que je m'imaginais, car on ne peut jamais être sûr de rien tant qu'on n'en a pas fait l'expérience.

CHAPITRE 6 - BLESSURE A L'OEIL

Ce devait être entre le mois de **mai et de juin 1938** que les troupes de Franco lancèrent une **grande offensive à Armillas** : trois jours durant ils avancent puis reculent à nouveau. Tant bien que mal, de notre côté, nous tenions le coup.

Une grande confusion politique et des opinions contradictoires divisent et affaiblissent les forces républicaines. Pendant que nous menions le combat en Aragon, d'autres se battaient dans les rues de Barcelone, Madrid, et Valencia. Les Basques, les Navarrais et les Asturiens résistent à l'avancée du fascisme. Le gouvernement républicain changea de président trois ou quatre fois pendant les trois ans que dura la guerre. Indalacio Prieto qui succéda à Azana était un homme d'une grande intelligence qui ne manquait pas de poigne et qui réussit dans une certaine mesure à consolider le pouvoir mais entre les forces réactionnaires allemandes et italiennes qui soutenaient le général Franco, et la cinquième colonne qui se déployait à l'intérieur de la zone républicaine, les troubles politiques internes et la faim accélèrent la dissolution des bataillons de volontaires et des Brigades Internationales venues de plusieurs pays européens pour combattre au côté des Républicains. Les traités internationaux, sous l'égide de la Société des Nations, ne firent que affaiblir encore davantage le gouvernement républicain qui s'efforçait de respecter les accords, alors même que Franco et ses alliés Allemands et Italiens n'en faisaient rien, et continuaient d'envoyer massivement avions et chars de combats contre le peuple espagnol. En comparaison, la République ne reçut que très peu d'aide de la France et de l'Angleterre qui virent, malheureusement, dans la victoire de la

République espagnole une menace, et eurent peur qu'un régime communiste ne s'installe en Espagne. C'est ainsi qu'au nom du pacifisme, les gouvernements français et anglais de l'époque préféraient faire le lit du fascisme et assurer la victoire de Franco. C'est dans ce contexte troublé que Negrin se retrouva à présider les destinées de l'Espagne. C'était un homme de bonne volonté mais qui ne put rien faire de plus que les autres.

J'ai voulu avant de poursuivre mon récit te donner une vue d'ensemble de la marche de l'histoire à travers les principaux événements qui entre notre présence sur le front et la fin de la guerre en Avril 1939, ont amené la chute de la République en dépit des efforts et du dévouement d'hommes de bonne volonté, tous animés du désir sincère de faire de l'Espagne un pays libre et solidaire.

Au quatrième jour de combat sur le front d'Armillas, la bataille, devenue sanglante, faisait rage. Tapi au fond de la tranchée, un fusil mitrailleur entre les mains, les avions lâchent sans cesse des bombes sur nos têtes. Dans les tranchées, nous avions creusé des sortes de grottes pour nous mettre à l'abri, mais quand les chasseurs Junkers se mirent à nous bombarder, l'air resté sous pression à l'intérieur de la tranchée, nous coupait la respiration. Ne sortirais-je jamais vivant de cet enfer?

À travers les meurtrières, j'apercevais les hordes arabes de Franco qui escortaient les chars blindés envoyés par Mussolini tandis qu'ils pilonnaient nos positions sans répit. Une fraction de seconde a suffi pour qu'**un tir de mortier** fracture la partie médiane du canon de mon fusil mitrailleur, ainsi que la culasse derrière ma main droite : par miracle mes mains étaient indemnes mais je me suis retrouvé enterré à hauteur du torse, et un éclat de douille de mortier **a touché mon œil gauche**. Je garderai des séquelles de cette blessure toute ma vie et même l'opération que j'ai subie plus tard ne pourra sauver mon œil.

Mes deux camarades Martin et Feliu (diminutif catalan pour Felipe), tous deux originaires de Castellar et qui étaient rattachés à la même brigade Macia Companys, 2ème compagnie, me sortirent de là, et à dos de mulet je fus conduit à l'église d'Armillas qui servait d'infirmerie. Allongé à même le sol en compagnie de beaucoup d'autres blessés, nous attendions d'être transportés à l'hôpital. J'ai perdu la notion du temps et ne sais combien de temps s'est écoulé avant qu'une ambulance m'amène à **l'hôpital d'Alcaniz** (Teruel). Après trois jours dans cet hôpital, j'ai été transféré à Valls (Tarragona) où ils ont soigné mes blessures et pensant que je n'avais qu'une petite lésion à l'œil, ils l'ont recouvert d'un pansement en attendant qu'il cicatrise.

Quelques jours plus tard, les voies de communication entre Valencia et Barcelona étaient coupées par les forces rebelles de l'autre côté du fleuve Ebre. C'est de justesse donc, que deux grands autocars, l'un en partance pour Valencia et l'autre pour Barcelone furent mis à disposition pour conduire les blessés dans des hôpitaux de ces deux villes. Le hasard m'assigne celui de Valencia, mais le sachant, je réussis à monter dans celui de Barcelone et quand ils s'en aperçurent j'étais déjà à **l'hôpital de Barcelone**. Les routes étaient barrées et ils n'eurent pas d'autre choix que de me garder sur place. Au bout d'une semaine, ils me laissèrent sortir avec une autorisation de convalescence pour 15 jours que j'ai passés à la maison.

CHAPITRE 7 - LERIDA

Quand ma permission expira, j'aurais dû rejoindre ma compagnie du côté de Valencia, mais l'état-major à Barcelone m'incorpore à la 31ème Brigade mixte détachée sur **le front de la rivière Segre, Lérida,** approximativement en **Juillet ou Août 1938.** Ma mémoire ne me permet pas d'être plus précis mais ce dont je suis certain c'est que les fronts se positionnent durant plusieurs mois de part et d'autre des fleuves Ebre et Segre. Dans cette région de Lérida, il y avait des champs de **pruniers** magnifiques, des reines-claudes dont nous pouvions nous régaler tout notre saoul; parfois la nuit venue, échappant à la surveillance de nos supérieurs, nous nous aventurions en cachette, jusqu'à la rivière, nous balancions dans l'eau une grenade à main explosive, et nous n'avions plus qu'à ramasser les poissons à la surface de l'eau. C'est ainsi que nous parvenions quelquefois à manger du **poisson**.

Une nuit, avec mon groupe nous sommes sortis faire un tour de reconnaissance; nous avons pénétré en zone ennemie en suivant un canal à sec sur environ 5 kilomètres. Nous avons eu une escarmouche avec l'adversaire et nous avons cru à un moment donné, que nous étions cernés et allions être faits prisonniers, mais notre sergent nous a ordonné de battre en retraite par le même canal ce que nous avons fait, en espérant avancer et encercler l'ennemi. Avec les premières lueurs de l'aube, après des heures de marche, nous étions derrière nos lignes, à notre point de départ, et c'est alors que nous nous sommes rendu compte que nous n'avions fait que tourner en rond et que nous avions rencontré l'ennemi en passant et en repassant plusieurs fois au même endroit!

Dans la lumière du jour, nous avons aperçu Lérida, dans le lointain, occupée par les soldats de Franco mais quelques fusillades mises à part, ce fut plutôt tranquille.

C'est là, dans une de ces maisons abandonnées, à l'arrière de notre ligne de front, que j'ai trouvé un jour une petite **robe de poupée**, que bien aplatie, entre deux feuilles de papier, j'ai envoyée à **Elisa** dans une de mes lettres. À cet instant précis, tandis que j'écris, je demande à Elisa si elle sait ce qu'est devenue la petite robe de poupée, et elle me répond qu'elle l'a conservée et qu'elle est toujours à la maison, ici à Cagnes. (Tandis que je retranscris les mémoires de mon père en français, je revois dans mon souvenir, cette petite robe de poupée en dentelle rose et blanche qui m'avait tant émue, petite fille, et que j'ai gardée toutes ces années, entre les pages de la biographie de Victor Hugo par Alain Decaux, un cadeau de Kitty, pour mes 14 ans, un âge où je découvrais la poésie avec enthousiasme. La biographie et la petite robe se trouvent toujours dans ma bibliothèque à ce jour.)

J'ai oublié de dire, je crois, que pendant mon séjour sur le front d'Armillas malgré la déception de ne pas voir **Elisa** venir me dire au revoir comme je le lui avais demandé, je n'ai pas pu m'empêcher de lui écrire. Et, cette fois, **ma lettre du front** n'est pas restée sans réponse, ce qui m'a encouragé, bien sûr, à continuer de lui écrire. C'est ainsi que peu à peu nos échanges sont devenus plus réguliers et que par la suite, lorsque je suis revenu en permission, elle a accepté de me revoir. Au fil du temps, notre relation s'est approfondie et après sept longues années de souffrances et d'attente, notre mariage est enfin devenu possible. Tout au long de ces années, j'ai beaucoup écrit à celle que je considérais comme ma fiancée. Je prenais plaisir à personnaliser les enveloppes avec de jolis dessins qui faisaient, paraît-il, l'admiration du facteur, car il ne manquait pas de complimenter Elisa, chaque fois qu'il lui apportait une lettre.

Elisa et José jeunes fiancés

J'écrivais aussi beaucoup à ma mère pendant ces années de séparation. Malheureusement toutes ces lettres ont disparu à la fin de la guerre par crainte des représailles : nous les avons toutes brûlées. Certains **dessins**, je suis parvenu à les reproduire au moyen de quelques crayons de couleurs et un stylo encre **sur un petit carnet** pendant que j'étais en camp de travail à **Belchite en 1940** (il se trouve toujours parmi les papiers de mon père que nous avons conservés avec ce manuscrit).

Cette **guerre de tranchées** dure depuis des semaines, des mois et semble encore bien loin de se terminer. Notre régiment, lui, ne tarda pas à être déplacé dans un autre lieu, non loin de **Tremp**. (Lérida) Nous étions dans les montagnes mais j'ai beau essayer, je n'arrive pas à me souvenir du nom du pic où se trouvait la petite chapelle. Occupée le jour par la garde civile, nous les chassons pendant la nuit, mais avec le retour du jour, nous devions nous enfuir à nouveau car ils avaient plus de moyens que nous. Nos tranchées situées dans la partie basse n'étaient guère plus éloignées des leurs que par une centaine de mètres et il leur suffisait de faire rouler des pierres pour mettre nos soldats en fuite. C'était une situation infernale. **Nous manquions d'eau potable** et l'unique fontaine où nous pouvions nous en procurer se trouvait à mi-chemin entre notre ligne de front et celle de l'ennemi sur le versant gauche de la montagne.

Un jour que je ne suis pas prêt d'oublier, après plus de deux heures de marche à pied sur un sentier pénible, deux compagnons et moi nous parvenons, non sans peine, à la fontaine. Nous apportions avec nous deux journaux de la zone rouge, comme avaient coutume de dire les fascistes, ainsi que plusieurs gourdes pour nous approvisionner en eau. Trois hommes différents étaient ainsi désignés chaque jour pour aller chercher de l'eau. Ce jour-là, en arrivant à la fontaine je me rendis compte après mes deux compagnons que trois autres soldats nous avaient précédés. Bien que je connaissais la cause pour l'avoir entendue évoquée plus d'une fois au sein du régiment, pour moi, la situation était très nouvelle. Tranquillement donc, puisque tels étaient les ordres, nous avons échangé un salut, conversé un moment et pris congé en nous serrant la main, exprimant de part et d'autre le même désir de voir la guerre se terminer rapidement. Ils ont troqué leurs deux journaux de la zone nationaliste contre les deux nôtres de la zone républicaine et après avoir rempli nos gourdes à ras bord et nous être salués une dernière fois, nous nous sommes remis en marche.

Ces tranchées étaient tellement dangereuses que nous avions une relève de soldats par semaine. Quand nous quittions ce front on nous emmenait sur un autre où nous ne restions guère plus de trois jours et ainsi de suite. Une fois, des lentilles cuisaient dans de grosses marmites, et tout à coup, le clairon sonna l'ordre de battre rapidement en retraite. Tenaillé par la faim comme je l'étais, ma seule idée a été de remplir ma gamelle de ces lentilles à moitié crues avant de partir. Ainsi chargé avec le fusil, le sac à dos, la couverture, la gourde et la gamelle accrochées au ceinturon, je me suis mis en route. Après avoir longtemps cheminé, profitant d'une pause, j'ai voulu manger les lentilles : impossible! Tellement j'étais assoiffé et nous n'avions pas une goutte d'eau. Petit à petit, nous nous débarrassons des boîtes de conserve et de tout ce dont nous pouvions nous passer pour alléger notre chargement. Enfin nous atteignîmes une petite source avec un mince filet d'eau. Le temps pressait, l'ennemi nous talonnait, mais on nous permit de nous reposer un peu et de remplir nos gourdes, à moitié seulement, car cela prenait trop de temps de les remplir entièrement. Nous avions déjà parcouru les 80 kilomètres et poursuivons notre avancée dans la nuit, sous la lune, pour gagner un petit village de Lerida dont je n'ai jamais su le nom. C'est là, sans nous laisser prendre le moindre repos, que des camions sont venus nous chercher pour nous conduire **sur le front de l'Ebre.**

A peine avions nous fait la moitié du chemin que nos commandants d'une seule voix crièrent en pleine nuit :

sauve qui peut! Au même moment, les avions Junkers se mirent à nous bombarder. Ce fut une totale débandade et nous tous de sauter des camions et de fuir sans savoir où nous réfugier. Heureusement les chasseurs de la République arrivèrent juste à temps pour empêcher le massacre. Dès que les junkers eurent disparu, une voix ordonna : « Dépêchez-vous de monter dans les camions! On repart » !

CHAPITRE 8 - DÉBÂCLE SUR LE FRONT DE L'EBRE

Ce devait être la fin du mois d'octobre 1938, quand nous arrivâmes sur le front de **Gandesa** (province de Tarragona) où nous sommes restés environ deux mois. Nous sentions que la fin de la guerre était proche et nous étions tous épuisés. Je n'avais qu'un désir : que ça s'arrête au plus vite! La république faisait maintenant appel à des réservistes âgés de 40 ans et plus, « **les recrues au sac** » (la « quinta del sac » en Catalan) ainsi nommés car la plupart d'entre eux étaient agriculteurs et emportaient avec eux de quoi manger dans un sac de toile.

C'est alors que les fascistes lancèrent leur grande offensive : pas un jour ne passait sans que nous recevions notre ration de tirs de mortiers si près de l'endroit où nous dormions que tout sommeil devint impossible. Les soldats tombaient comme des mouches, l'artillerie surnommée **« la loca »** (la folle en espagnol) lançait 5 projectiles de 5 millimètres à la minute. Ce fut le chaos général : des hommes réduits en morceaux, méconnaissables. Au cours de qui fut pour moi **la dernière bataille**, sous une pluie incessante d'obus, plaqué contre le versant d'une colline, je fus soudain enveloppé d'un nuage de poussière suffocante pendant un temps qui me sembla interminable tandis que de la terre et des pierres soulevées par les projectiles continuaient de s'abattre sur moi. En réalité tout cela n'a probablement pas duré plus d'un quart d'heure : brusquement les canons se sont tus et le nuage de poussière s'est éclairci. Sans réfléchir j'ai couru m'abriter de l'autre côté de la colline. C'est là que j'ai rencontré **un homme seul** de la « quinta del sac » qui tenait des photos à la main :

- « Je ne les reverrai plus, me dit-il.

- « La guerre est perdue, lui répondis-je. On le sait depuis des jours. Fuyez! Il n'y a rien d'autre à faire ».

J'ignore ce qui est advenu à ce pauvre homme. Je ne l'ai plus revu après. C'était **la débâcle** : des soldats couraient de tous les côtés, trébuchant sur des cadavres, et des escouades d'enfants qui n'avaient guère plus de 13 ou 15 ans tentaient d'empêcher les fuyards de battre en retraite. Fanatisés par des chefs extrémistes, ils voulaient nous forcer à obéir, à avancer coûte que coûte, mais ils finissaient, eux aussi, par s'enfuir avec nous.

Après plus de trois heures de marche, seul avec mon fusil, j'ai fini par m'arrêter à un poste d'état-major. Harassé, affamé, j'ai osé m'approcher pour leur demander s'ils avaient quelque chose à manger; ils n'avaient rien qu'un peu de pain à me donner.

- « Tiens prends ce pain, mange-le avec du raisin, me dit l'un des officiers. Les vignes sont pleines : le raisin n'a pas été récolté ».

Je ne me le suis pas fait répéter deux fois, mais tandis que je cueillais du raisin et le mangeais au fur et à mesure avec le pain, je n'étais pas tranquille. L'oreille aux aguets, j'observai la campagne alentour : le silence même paraissait suspect. Je m'apprêtais à repartir quand j'ai soudain pris conscience qu'il n'y avait pas âme qui vive, nulle part, à des lieues à la ronde, tout le monde avait disparu. Le bruit des canonnades se rapprochait, les bombardiers étaient là, si proches que sans perdre plus de temps, j'ai pris mes jambes à mon coup et en ai oublié le fusil. Les murs de pierre sèches entre les clos de vignobles, de 2 à 4 mètres de haut, j'ignore comment j'ai réussi à les escalader et à sauter de cette hauteur sans me tuer. Ainsi traqué par l'ennemi, j'ai parcouru une douzaine de kilomètres. Le terrain était devenu plus plat, la nuit tombait et le fracas de la bataille s'était calmé mais je marchais toujours. J'ai fini par atteindre un hameau aux abords de la rivière l'Èbre dont j'ai su, avec les premières lueurs du jour, que c'était **Mora de Ebro**. En pleine nuit, le lieu était désert mais j'ai cru reconnaître des refuges. Exténué par ma longue marche, je me suis couché sur la terre et m'en suis remis à Dieu : « qu'il en soit fait selon ta volonté! Que je sois fait prisonnier ou que je m'en sorte vivant, peu importe! ».

Il semble que je me suis endormi profondément : à mon réveil le temps était splendide et le soleil déjà haut dans le ciel m'indiquait que le temps s'était écoulé sans que je m'en aperçoive. Sur le seuil de la porte du refuge se tenait **un vieil homme** assis sur une chaise.

- « Vous avez dormi longtemps, je ne m'éloigne pas du refuge au cas où les bombardements reprendraient. Vous devez avoir faim mais je n'ai que quelques vieilles amandes à vous offrir et elles commencent à être trouées par les vers.

- Merci », ai-je dit avec empressement.

C'était mieux que rien et il m'a montré le chemin de la cave coopérative. Le lieu était désert et contenait de grandes amphores à vin. Dans ma fuite, le seul récipient resté accroché à mon ceinturon était ma gourde. Je l'ai remplie de vin à ras bord; j'aurais préféré boire de l'eau, mais de l'eau il n'y en avait nulle part. C'est ainsi que mes pas m'ont conduit vers l'Èbre qui coulait dans la vallée. A

Mora de Ebro, le fleuve s'étale largement et son courant se ralentit. Ce jour-là, il charriait de nombreux cadavres : sans doute plus d'un, en tentant de traverser, en amont, s'étaient noyés dans les eaux tumultueuses du fleuve, mais tous les autres, j'ignore comment ils étaient arrivés jusque-là. C'est pourtant bien la vérité puisque j'étais présent.

J'ai hésité longuement, espérant voir un habitant ou une barque qui ne me paraisse pas suspecte. Enfin je vis une barcasse qui s'apprêtait à traverser et je suis monté à bord sans tergiverser davantage. Nous étions en plein milieu du fleuve lorsque les sirènes se sont mises à hurler à l'approche d'un bombardement. Dans le doute, les bateliers nous ont demandé ce qu'il fallait faire. Ils ont continué de ramer un moment puis l'un d'eux a déclaré : « S'ils voient notre embarcation avec des passagers, ils n'hésitent pas à nous tirer dessus ».

Il ne restait plus qu'une solution : abandonner le bateau et terminer **la traversée du fleuve** à la nage! Je fus entraîné par le courant plusieurs mètres en aval jusqu'à atteindre l'autre rive. Dégoulinant, exténué, je me suis allongé entre les arbustes. Le bombardement du village avait cessé et j'étais décidé à trouver un endroit où faire sécher mes vêtements. Dans cette grande plaine maraîchère les fermes étaient nombreuses et j'aperçus non loin de là **une vieille masure**.

En me rapprochant, j'ai distingué un homme d'une soixantaine d'années et une femme à ses côtés qui était sans doute son épouse. Me voyant complètement trempé, il ne fut pas long à comprendre la situation et ne tarda pas à m'apprendre que je n'étais pas le premier à tenter de m'enfuir. La femme courut chercher une chemise et un pantalon de son mari. Comme j'aurais aimé faire une photo souvenir de cette aventure. J'ai été obligé de retrousser le bas du pantalon de 20 centimètres au moins et je flottais dans la chemise bien trop grande pour moi. Je devais avoir l'air d'un clown! J'ai essoré mes vêtements comme j'ai pu et ils ont allumé un feu; trois heures plus tard mes vêtements étaient secs et j'ai pu les remettre. Je n'ai pas oublié l'expression de frayeur de la femme à l'idée que la fumée ne les trahisse. Son mari tâchait de la rassurer en lui répétant : « Ils ne nous ont encore jamais bombardés ici, tranquillises-toi »!

Ces braves gens ont bien voulu partager leur portion de pain avec moi; la nourriture, en effet, était rationnée pour tout le monde, et ils m'ont donné aussi quelques blettes en me disant que c'était tout ce qu'ils avaient. J'ai bien vu quelques poules qui couraient librement dans la cour, mais ç'aurait, sans doute, été trop demander qu'ils en tuent une pour améliorer mon repas, et je suppose que s'ils avaient aidé d'autres fugitifs, ils auraient déjà fait leur part.

En tant que résidents de la zone occupée par ceux qu'ils appelaient « les rouges » (les républicains), mes hôtes ne me parurent pas beaucoup les porter dans leurs cœurs, mais nous n'avons presque pas parlé de la guerre. C'était normal puisqu' ils ignoraient de quel côté j'étais, mais ils n'avaient pas non plus l'air d'être des fascistes.

Ils me donnèrent un autre morceau de pain pour la route et ce fut pour moi le début d'**une très longue marche** pour regagner la maison. Comme je connaissais un peu le pays, je me suis efforcé d'éviter les endroits où je pensais qu'il pourrait y avoir des contrôles. Alors même que l'issue de la guerre paraissait fatale, il s'écoula encore quelques mois pendant lesquels les républicains continuèrent de résister face à l'avancée des troupes fascistes. Me fiant uniquement à mon sens de l'orientation, j'ai emprunté tantôt la route, tantôt des sentiers que je ne connaissais pas, en espérant qu'ils me conduiraient dans la bonne direction. Tout en cheminant j'ai mangé le pain et bu le vin de ma gourde à petites gorgées car l'eau restait introuvable. Heureusement que j'avais pu boire toute l'eau que j'avais voulu chez les gens où j'avais fait sécher mes vêtements. Toujours est-il que le vin du « Priorato » dont j'avais rempli ma gourde, faisait dans les 19 degrés, et je m'avisais, malgré tout, que je titubais d'un côté de la route puis de l'autre. Mes pieds étaient enflés d'avoir tant marché mais aussi de m'être gratté jusqu'au sang car j'avais été piqué par les moustiques qui pullulent dans cette région. Parvenu dans les environs d'**Altafulla** (Tarragona) je voulais éviter d'entrer dans cette agglomération, ne souhaitant pas m'exposer au risque de me faire arrêter. Je trouvais un endroit un peu à l'écart et décidais de faire une halte pour me reposer. Mes pieds endoloris et en sang de m'être tant gratté, je tombais très vite dans un profond sommeil. Je ne sais combien d'heures j'ai dormi tellement j'étais exténué. Depuis que j'avais quitté la rivière de l'Èbre, mon voyage avait duré deux jours entiers. Le troisième jour, à mon réveil, il devait être à en juger par la hauteur du soleil dans le ciel, dans les deux heures de l'après-midi. Comme il ne me restait plus rien à manger, je me suis nourri de plantes que j'ai prises dans les champs, de la roquette, des choux, au risque d'être repéré, et j'ai bu un peu de vin resté au fond de ma gourde.

CHAPITRE 9 - RETOUR À CASTELLAR

Finalement, épuisé comme je l'étais, j'ai changé d'avis et, advienne que pourra, j'ai décidé de rentrer dans la ville d'Altafulla. Je me suis dirigé vers **la gare des trains** : tout était calme, le front était loin de là, et les gens essayaient de survivre comme ils le pouvaient en vendant le peu qu'ils possédaient au **marché noir**. Des citadins venus exprès de Barcelone échangeaient du savon, du tabac, des vêtements contre de la nourriture auprès des paysans de cette région agricole de Tarragona, car il faut dire qu'à cette époque, tu ne pouvais rien acheter contre de l'argent. A cette heure de l'après-midi régnait un brouhaha intense dans le hall de la gare, des gens allaient et venaient dont la plupart étaient des vendeurs au marché noir, et un train à destination de Barcelone attendait sur le quai. **Une femme d'une quarantaine d'années** qui avait repéré ma tenue de militaire s'est approchée et après m'avoir demandé si je me rendais bien à Barcelone, m'a prié de bien vouloir prendre en charge son bagage au moment des contrôles à l'arrivée du train à Barcelone. Elle transportait des denrées alimentaires qu'elle avait pu obtenir grâce au troc : « En tant que soldat on vous laissera passer sans difficulté ».

Ce discours me rassura tout à fait et je fus content de lui rendre ce service. Elle semblait bien connaître le système. J'ai donc acheté un billet de train à destination de **Barcelone**.

Il me restait de l'argent dans la poche intérieure de ma veste de soldat façon saharienne. Malgré le tissu imperméable destiné à nous protéger du froid et des intempéries, les billets s'étaient mouillés quand j'avais traversé l'Èbre à la nage mais j'avais réussi à les faire sécher en même temps que mes vêtements.

Ainsi prenait fin la longue marche et j'ai pu reposer mes pieds endoloris. Une fois installés dans le train, la brave dame m'a cédé un pain et quelques morceaux de charcuterie pour apaiser ma faim. Le voyage s'est déroulé sans contretemps et comme elle me l'avait annoncé, en arrivant à la capitale catalane, les contrôleurs ne m'ont pas cherché d'histoires.

De la Estacion de Gracia à Barcelone j'ai marché jusqu'à la Plaza de Catalunya. J'étais en terrain familier et je connaissais toutes ces rues par cœur. J'ai acheté un billet à la compagnie des chemins de fer catalans qui relient la capitale à Tarrassa et à Sabadell, et J'ai délibérément choisi la destination de Tarrasa bien que Sabadel plus proche de Castellars et desservi par des autobus reliant les deux villes m'aurait rapproché plus facilement de la maison. Mais je craignais de tomber sur une personne connue qui aurait pu deviner mon intention de ne pas rejoindre le front et me dénoncer comme déserteur.

J'ai donc pris le train à destination de Terrassa. De ce **voyage entre Barcelone et Tarrassa**, je n'ai conservé qu'un seul souvenir : **la belle jeune femme** qui était assise à mes côtés, et qui devait se rendre à Tarrassa, elle aussi. Je me suis endormi presque tout de suite après le départ du train et quand le contrôleur est passé, c'est cette jeune femme qui lui a montré mon billet que je tenais encore dans la main. C'est du moins ce qu'elle m'a expliqué en arrivant à Tarrassa après m'avoir réveillé. Elle avait laissé ma tête rouler et s'appuyer sur son épaule tout le temps du trajet. Puis elle a pris congé en me souhaitant de me remettre au plus vite de cet état d'épuisement. Je ne devais plus la revoir et je ne savais pas qui était cette charmante demoiselle.

Tarrassa se situe à 11 kilomètres de **Castellar** et il n'existait, à l'époque du moins, aucun moyen de transport autre que la carriole à cheval ou à pied. Marcher était encore le plus discret. J'ai dû avancer d'un bon pas car j'ai atteint la maison paysanne de Can Sallent où j'avais travaillé avant la guerre en milieu d'après-midi. J'ai quitté la route et me suis enfoncé dans la forêt profonde avec l'idée de me reposer un peu. A cette distance de 4 kilomètres, je distinguais bien Castellar del Vallès. Je touchais presque au but, encore une petite heure, et je suis rentré dans mon foyer. Mais dans l'état de fatigue où je me trouvais j'ai sombré à nouveau dans le sommeil. A mon réveil, il faisait nuit noire. Je me suis remis en route. A l'approche du village, j'ai refait un détour à travers les vignes pour ne pas être vu et **n'ai frappé à la porte de la maison que très tard dans la nuit**. La surprise pour ma pauvre mère, restée seule au logis, et qui ignorait tout de ce qui se passait, a été énorme. Deux maisons plus loin vivait ma sœur Anita avec son mari Vicens mais tout le monde était endormi à cette heure tardive de la nuit.

Je n'arrive pas à me souvenir si ma sœur Agustina était à la maison avec notre mère, vu que Jaume son mari était aussi sur le front, et qu'elle habitait à Rubi. Il me semble bien qu'elle était là mais je ne pourrai pas l'affirmer.

Après des étreintes passionnées, le premier choc de l'étonnement et de la frayeur passée, ma mère encore toute émue, s'est empressée de me donner à manger, mais elle n'avait pas grand-chose à m'offrir. Je crois que ce fut une assiette de « *farinetas* », une bouillie de farine d'avoine, car la farine de blé était devenue introuvable. Je me suis couché et j'ai dormi à poings fermés des heures d'affilée jusqu'à ce que ma sœur Anita vienne me voir, me réveille et me sorte de mon profond sommeil.

Ainsi prit fin le cauchemar de la guerre et du front et commença, pour moi, une vie de clandestin. Je sortais uniquement de nuit pour regagner les montagnes de San Lorenzo del Munt avant le point du jour et j'avais toujours avec moi le fusil de chasse de mon père. En chemin, je traversais des champs et avec beaucoup de précautions, je cueillais un chou ou des blettes ou quelque autre légume que j'y trouvais. Tout était très surveillé et j'aurais pu être pris, mais il fallait bien que je mange quelque chose. Dans ma cachette, je faisais bouillir ce que j'avais trouvé comme je pouvais dans un pot, sans huile ni sel, car ces denrées étaient devenues inexistantes, et c'est ainsi que je m'alimentais, bien ou mal, selon les jours. Parfois je chassais un merle, un écureuil, beaucoup plus rarement un lapin de garenne, mais tout ce qui était du gibier, je le ramenais à la maison pour le partager avec la famille. Anita vivait seule avec sa belle-mère, car Vicens, son mari, avait été blessé au bras et séjournait dans un hôpital loin de la maison. Ce n'est pas faute d'en avoir parlé plus d'une fois avec ma sœur Anita dans les années qui ont suivi la guerre, mais franchement, en cet instant, je ne me souviens pas de l'endroit où il était, il faudra que je lui redemande à l'occasion.

CHAPITRE 10 - EXODE

Ce devait être en **Janvier 1939** lorsque les troupes de Franco et leurs satellites gagnent partout du terrain inexorablement. Les gens de plus en plus nombreux fuyaient en direction de la frontière française. Un jour un message de ma sœur Maria nous est parvenu : elle avait quitté l'Espagne avec son mari Julio et leurs enfants. Quelques jours plus tard, résolu à les rejoindre, j'ai repris la route, seul et à pied. A la sortie de Castellar, j'ai rencontré un fugitif. Nous avons décidé de faire route ensemble et emprunté le sentier de randonnée de Cadafau / Castellar **en direction de la France** plutôt que la grand-route. Je crois que mon amour de la haute montagne remonte à ce moment-là.

Notre voyage a duré 5 jours. En chemin, nous avons croisé un troupeau de brebis qui se déplaçait en sens inverse. Le berger marchait devant son troupeau et voulait éviter la rencontre avec tous ceux qui cherchaient refuge en France. Nous avions tellement faim que lorsqu'il nous eut dépassés, mon compagnon et moi, nous nous emparâmes, d'**un petit agneau.** Nous nous empressons de lui couvrir la tête sous notre manteau de militaire de peur que ses cris ne nous trahissent. Quand le berger nous parut suffisamment éloigné, nous découvrîmes l'agneau : le pauvre ! Il était mortétouffé. Nous continuâmes d'avancer avec ce fardeau sur les bras.

Le soir tombait déjà quand nous avons aperçu une ferme aux environs de **Moyà**, et décidé de demander si nous pouvions faire une halte pour la nuit. Cet endroit était bondé de soldats qui s'enfuyaient comme nous et voulaient manger. La patronne accepta de nous cuisiner l'agneau que nous portions, garni de quelques pauvres navets. Elle nous assura que c'était tout ce qui lui restait après le passage depuis plusieurs jours de toutes ces hordes de fugitifs. Sans une goutte d'huile et pas une miette de pain, l'agneau nous parut pourtant excellent. La meilleure sauce du monde n'est-ce pas la faim ?

Nous vîmes bientôt passer un groupe d'hommes armés dont on nous dit qu'ils avaient réquisitionné le troupeau que nous avions croisé quelques heures auparavant et qu'ils allaient le conduire à la frontière. Le lendemain, des camions nous ont embarqués, mais **à mi-chemin entre Vic et Manlleu** (Catalogne), il a fallu se disperser au plus vite à cause d'un bombardement, et à la fin de l'alerte, quand nous sommes revenus, les camions s'étaient tous volatilisés et la nuit commençait de tomber. Le seul camion qui restait sur place avait été incendié et nous n'eûmes pas d'autre recours que de continuer notre chemin à pied. Nous étions un groupe d'une vingtaine d'hommes armés, pour la plupart. À notre arrivée à **Besalu**, non loin de Figueras, le maire du village réussit, je ne sais par quel moyen, à convaincre un couple de paysans de nous préparer un repas et de nous héberger pour la nuit dans une de leurs granges. Cette nuit-là, nous avons eu l'impression d'atteindre le paradis.

Tout le long du trajet de Besalu à la frontière, c'était **une procession ininterrompue** : des milliers de personnes, des charrettes, des camions pleins à craquer. Voyant l'état d'épuisement extrême où nous étions, mon compagnon et moi, deux passagers d'une voiture à cheval nous ont cédé leurs places assises, le temps de nous permettre de reprendre des forces. Une dizaine de kilomètres plus loin, à notre tour, nous avons laissé nos places à d'autres. La Junquera n'était plus qu'à une quinzaine de kilomètres, et de tous côtés affluaient des troupeaux grouillants de brebis, de vaches, de chevaux que des troupes d'hommes armés acheminaient vers la France avec l'intention de priver de vivres, l'armée de Franco. Ils gardaient bon espoir de chasser l'ennemi fasciste et de reconquérir le terrain perdu : les peuples libres ne pouvaient pas laisser l'invasion fasciste triompher en Espagne! C'était quelque chose d'impensable!

Nous arrivâmes enfin **à la frontière** : des gendarmes et des soldats étaient là pour nous accueillir en grand nombre, affolés, ne sachant pas de quel côté donner de la tête. Ils bloquaient l'entrée des troupeaux sur le territoire français tandis que les milices espagnoles devenaient menaçantes et les accusaient de vouloir collaborer avec Franco. Finalement ils réussirent à nous faire déposer les armes, et à cette condition seulement nous fûmes autorisés à franchir la frontière. Nous marchâmes une distance d'environ six kilomètres, et chemin faisant, on nous distribuait à chacun, un sac contenant du pain, des fruits, 2 boîtes de sardines et une bouteille d'eau. Débuta alors, une longue attente qui devait durer plus de trois heures. Nous étions encerclés de tous les côtés par des gardes et nous ignorions quel serait notre sort, mais dans l'immédiat, du moins, avons-nous quelque chose à manger.

Nous vîmes enfin apparaître des autobus et des camions mais je n'ai appris que plus tard que tous ces véhicules ne cessent de faire la navette pour transporter les réfugiés dans des camps de concentration. Sur le moment, ne comprenant pas un mot de français, j'ai redouté le pire et je me suis souvenu de ces bulletins que les avions de Franco avaient balancés sur la route au cours des jours précédents et qui disaient à peu près ceci :

A TOUS LES ESPAGNOLS :

TOUS CEUX QUI N'ONT PAS DE SANG SUR LES MAINS N'ONT RIEN À REDOUTER DE L'ETAT NACIONAL SYNDICALISTE

Sur ce point, j'avais la conscience tranquille, mais comment ne pas douter de leur parole ? Je savais bien comment ils traitaient les prisonniers, et pour ma part, je m'étais porté volontaire au début de la guerre et j'avais appartenu aux milices armées avant d'être envoyé sur le front au moment de la restructuration de l'armée républicaine. Âgé de 21 ans à peine, je ne pouvais pas anticiper que la répression serait si sanglante, surtout avec toute cette génération de très jeunes recrues dont je faisais partie. Selon le comportement, ils auraient dû faire preuve de plus d'indulgence, car à cet âge, et qui plus est, à cette époque, un jeune homme tel que moi ignorait tout de la politique et ne disposait pas des facultés nécessaires pour tenir un poste de responsable.

Par ailleurs, je n'arrêtais pas de penser à tous les êtres chers que je laissais derrière moi :ma mère, mes frères et sœurs, ma fiancée... Plus d'une fois je fus tenté de retourner sur mes pas. Et si, après tout, ce qu'affirment les bulletins était vrai?

On nous donna l'ordre de monter dans un autocar qui nous emmena à **Argelès**, non loin de Cerbère. Une mine de déterré, des vêtements en haillons, et une pauvre couverture pour dormir. Des hommes, des femmes, des enfants qui dormaient entassés les uns sur les autres comme ils pouvaient. Certains blessés ou trop faibles pour avancer étaient transférés à l'hôpital. Notre pitance de chaque jour, une soupe à base de pommes de terre et de légumes qui cuisait dans une grande marmite, un petit pain et de l'eau, c'était tout et du café le matin.

Ils commencèrent à emmener les femmes et les enfants dans un autre campement et à la fin il ne resta bientôt plus que des hommes sur place. Pendant quinze jours, ce fut le même va-et-vient.

CHAPITRE 11 - DEMI TOUR

Le ressassement de mes pensées minait mon cerveau de l'intérieur et apparemment cela ne m'a plus vraiment quitté. Chaque fois que je me trouverais dans un endroit contre mon gré, je chercherais à l'éviter. C'est ainsi que **par une belle nuit éclairée par la lune** j'ai réussi à franchir les clôtures de barbelés du camp où nous étions enfermés. Je n'avais pas marché plus de 5 minutes que je fus arrêté par un grand étang dont les eaux contournent le camp; avec mes vêtements attachés sur le dos à avec mon ceinturon, je parvins à traverser l'étang à la nage. Bien que mouillés, il semble que mes vêtements ne m'occasionnent que peu de gêne.

J'ai marché ainsi toute la nuit tantôt sur la route que je fuyais dès que j'apercevais des lumières de phares de voiture ou autre véhicule et traçant ainsi mon chemin, à travers champs, je suis arrivé jusqu' aux contreforts du massif des Pyrénées entre Cerbère et Leperthus. J'ai attendu le lever du jour et comme j'ai pu, j'ai recherché les passages les plus propices, veillant surtout à ne pas me faire repérer, et **j'ai franchi la frontière une nouvelle fois en direction de l'Espagne.**

Une fois dépassée l'agglomération de la Junquera, restant toujours à une bonne distance de la ville pour ne pas être vu, le terrain m'est devenu plus familier. En effet, j'avais été détaché avec mon bataillon mobile, quelques mois plus tôt, à Avinonet de Puigventos, près de Figueras. Je me souviens parfaitement qu'avant de rejoindre le front de Lérida, nous étions ensemble dans la même compagnie avec mon frère Andrès et mon cousin Andrès de san Cugat, et notre mission consistait à surveiller cette zone frontière ce qui explique que je connaissais bien toute cette région.

Mon **voyage de retour à Castellar fut une affaire de quatre jours.** J'emprunte presque les mêmes chemins qu'à l'aller. Mon équipée ne se passe pas sans quelques aventures plus mauvaises dans l'ensemble que bonnes. Je n'ai guère trouvé le courage de m'arrêter dans des fermes plus de trois fois pour les prier de me donner un peu de nourriture. Rétrospectivement, je ne sais pourquoi, ce retour, paraît pourtant, plus facile que l'aller. Étant donné les circonstances et mon jeune âge, les braves paysans des maisons de campagne où je faisais halte, devaient bien se douter que je n'étais qu'un pauvre fugitif. Ils ignoraient dans quelle direction j'allais mais ils avaient l'air de comprendre, et je me souviens que, pleins de compassion, ils m'invitent à m'asseoir à leur table et à manger autant que je voulais de ce qu'ils avaient, surtout des pommes de terre et quelques morceaux de porc ou de charcuterie. A les entendre, dans toutes ces maisons où je me suis arrêté, ils avaient été réquisitionnés et on ne leur avait rien laissé, pourtant, ils trouvaient toujours quelque nourriture à me donner. Ils voyaient que c'était bientôt la fin de cette guerre épouvantable, et ils se mettaient à me faire des confidences.

De mon côté, je n'avais de pensées que pour ma famille et aspirais plus que tout au monde à retrouver Elisa. Pendant que je vivais caché à Castellar après m'être enfui du front de l'Èbre, Elisa n'avait pu venir me rendre visite que deux fois. Nos retrouvailles m'avaient aidé à trouver le temps moins long et à espérer en des jours meilleurs.

J'étais donc de **retour à la maison vers la mi-février 1939** : mes sœurs Anita et Agustina n'en croyaient pas leurs yeux de me voir de nouveau à Castellar. Elles ne savaient pas quoi penser. Moi non plus! Leurs maris à toutes deux étaient détenus dans des camps. Quant à mon frère Andrès, je devais apprendre plus tard qu'il était tombé aux mains des franquistes et était prisonnier, lui aussi, dans un camp de concentration parmi les plus durs de la province de Léon. Nous avons été sèparés sur le front de l'Èbre pendant les combats à Gandesa. Il était resté bloqué dans la zone de Valencia et moi dans celle de Catalogne.

Quand je suis arrivé à Castellar, l'ennemi n'avait pas encore pris possession du village. A la maison il n'y avait rien à manger. C'est alors que j'ai décidé en accord avec un bucheron, ami de la famille, et originaire de Llorca, mon lieu de naissance, de partir travailler avec lui **dans la montagne**. Avec le maigre salaire qu'il me donnait car ce travail était très mal payé, nous pouvions, du moins, acheter un peu de pain qu'on commençait à vendre au marché noir. Un pain plus noir que blanc, mais c'était quand même du pain, et « faute de grives, on mange des merles! »

Quelque trois ou quatre jours après mon retour, **les franquistes** entraient **à Castellar**. Je me souviens qu'il était dans les deux heures de l'après-midi, lorsque j'ai vu les premiers tanks et la cavalerie passer sur la route de San Manat, non loin de l'atelier où, adolescent, j'avais fait mon apprentissage. Une foule sortit des maisons leur faisant bon accueil et on entendit des acclamations : « Franco! Franco! » et « Vive l'Espagne! Vive l'Espagne! ».

Les soldats de Franco commencèrent à distribuer des pains et des boîtes de conserve à la population. C'est là tout ce dont je me souviens de cette entrée des troupes de

Franco devenue très floue dans ma mémoire. Pour le moment tout était calme. Je me suis éclipsé sans attendre et j'ai continué de travailler pendant trois bonnes semaines avec le bucheron Epinès Navarro que mes parents avaient pour coutume d'appeler Ginès Orillas selon son surnom familial sur les terres de Murcie. J'étais jeune, et pendant tout ce temps, je n'ai pas imaginé un seul instant, que mes actes justifieraient **des représailles** telles qu'elles se sont avérées dans la réalité et pendant plusieurs années à venir. Les zones républicaines allaient subir de plein fouet la vengeance de Franco et les haines politiques de ceux qui les soutenaient. Très rapidement les prisons se remplirent, et plus de 400 000 hommes se retrouvent sous les verrous, rien qu'en Catalogne.

CHAPITRE 12 - DÉLATION ET EMPRISONNEMENT

Un jour, faute de maturité, j'ai accepté sans la moindre méfiance, l'invitation de deux anciens compagnons de régiment que j'avais connus à San Cugat, et je me suis rendu à **« La Ravasada » un grand café** de Castellar que j'avais fréquenté souvent dans mes jeunes années et où j'aimais aller jouer au billard. Le patron de l'établissement, un certain **Pepito de la Ravasada** comme on l'appelait, non sans ironie, me lança quelques piques à propos de mon engagement volontaire dans les milices au début de la guerre et conclut en disant : « Tu vois maintenant comment les choses peuvent changer » ?

Quant à mes deux « amis », je n'ai pas oublié leurs noms : l'un s'appelait Ernesto Rivatallada et l'autre Manel Poch. Poch, je sais qu'il est mort, il y a deux ou trois ans, avant d'**écrire ces lignes en Mai 1992**. Je l'ai aperçu pour la dernière fois quand je suis allé à la fête patronale de Castellar. Ma sœur Anita m'a dit qu'il était mort un ou deux ans après cette visite. J'ai bien vu qu'il me reconnaissait mais son regard a évité le mien et il a baissé la tête sans rien dire. Quant à Ernesto, je ne l'ai plus jamais revu. Je sais seulement qu'il est parti vivre à Sabadell. Le patron de la Ravasada, lui, n'est plus de ce monde depuis des années : il est mort d'une longue et douloureuse maladie et il paraît qu'il a énormément souffert. Que Dieu leur pardonne à tous les trois ! Je ne désire à aucun d'eux, le mal qu'ils m'ont fait.

Deux jours seulement après être allé au Café de la Ravasada, un soir, en rentrant de mon travail, c'était **le 17 mars 1939**, ma mère et ma sœur Agustina m'annoncent que j'avais reçu un avis de la mairie : « Il faut que tu te présentes le plus rapidement possible dans leurs bureaux, ils ont quelques questions à te poser ».

Dans ma naïveté, je n'ai pas pensé à mal, ni que des êtres humains seraient capables de tant d'acharnement. Sans plus attendre et plein de bonne foi, puisqu'il s'agissait de la mairie et non de la Garde Civile, je suis allé me présenter à la mairie avant même de dîner. Ce devait être un employé préposé à des cas similaires qui voulait me voir : nous étions 6 ou 7 à être convoqués. On nous emmena dans un lieu appelé **« l'Ateneu »** une grande salle polyvalente qui servait aussi bien de cinéma, de théâtre que de dancing et où il y avait aussi un café. Là, ils nous ont demandé de défiler un par un devant une porte entrouverte. En passant, j'ai vu, assises autour d'une longue table, plusieurs personnes qui observaient attentivement chacun de nous quand il passait devant la porte, et parmi ces personnes, j'ai identifié de suite celles que j'ai mentionnées plus haut.

C'étaient eux les délateurs, les accusateurs qui m'avaient trahi. Ensuite, on nous fit entrer dans un petit local où nous attendait la Garde Civil et ils nous emmenèrent à leur quartier général. Soumis à des interrogatoires d'une demi-heure chacun dans une pièce à part, seul face à cinq gardes civils, ils exigeaient que je donne les noms des dirigeants « rojos/rouges » comme ils disaient. J'ai répondu que je n'étais qu'un simple soldat, que mes dirigeants, je ne les connaissais pas, et que je n'en savais pas plus qu'eux.

- « Nous savons très bien », me dirent-ils en hurlant, « que vous êtes un dirigeant anarchiste de premier plan, engagé volontaire de la première heure pour combattre les forces de libération de la nation et qu'en tant que tel, vous avez participé à l'arrestation de personnes mandatées par l'ordre public ».

Tout au long de cet interrogatoire les cinq gardes m'ont tourmenté sans relâche, d'abord à force de bousculades et d'invectives. Puis, ils m'ont frappé violemment et à plusieurs reprises avec une espèce de trique en nerf de bœuf. Affaibli, sur le point de m'évanouir, mon tricot de corps taché de sang à cause des coups reçus, ils ont fini par me conduire dans une autre pièce où attendaient d'autres personnes dans un état aussi lamentable que le mien. Des heures plus tard, vers trois heures du matin, un grand fourgon nous a conduit à la prison locale de Sabadell où je suis resté deux jours, y compris le 19 mars, jour de ma fête, la saint Joseph, avant d'être emmené à « *la Prison Celular* » qu'on appelait « *la Modelo* ».

Je ne devais retourner chez moi que 44 mois plus tard, le 22 décembre 1942 après exactement 1374 jours de détention. (3 ans et 8 mois).

En cherchant dans les papiers que je conserve encore à ce jour, j'ai retrouvé **l'acte d'accusation daté du 25 avril 1939.** Il mentionne comme motif principal de ma condamnation d'avoir porté secours à la rébellion et d'autres accusations que j'avais oubliées, des actes auxquels en toute franchise, je n'ai jamais participé. Je n'avais que 18 ans quand j'ai rejoint les milices républicaines et en tant que mineur, même lorsque j'ai été envoyé au front, on ne m'a jamais confié que des missions de surveillance. Par ces temps de crise où il n'y avait pas d'emploi cet engagement m'avait assuré un salaire.

A compter de cette date, après la condamnation, la cellule que j'occupais à **la prison de Barcelone (La Modelo)** était une cellule individuelle, mais nous étions neuf ou dix à nous partager cet espace. Je me souviens parfaitement qu'au cours des visites de la famille et de ma fiancée, je leur demandais de m'apporter des noisettes. Grâce aux noisettes, je pouvais faire du feu à condition de ne pas être vu et avec la gamelle en aluminium, que j'avais, avec un peu d'huile, je pouvais frire un œuf.

Ce fut **un mois d'angoisse totale** : toutes les nuits à l'exception du dimanche nous avions le droit obligatoire quand la porte se déverrouille, de sortir dans le grand corridor sur lequel donnent les cellules, au rez-de chaussée; ils nous ordonnent de nous mettre en formation militaire les uns derrière les autres; un homme tenant une liste à la main, plusieurs gardes civils en face de nous, et au dernier coup de minuit, l'homme appelait les noms sur la liste : l'un après l'autre ou plusieurs de ceux qui étaient dans le rang. Sous le choc, certains s'effondrent par terre, avant même de sortir de la file, car nous savions tous que ceux qui étaient appelés ainsi allaient être conduits au Camp de la Butte, **« el camp de la Bota »,** pour y être fusillés.

La plupart de ces hommes avaient été condamnés à la peine de mort, mais entre deux, il arrivait qu'ils en appellent aussi certains qui avaient été condamnés à 30 ans de réclusion. J'étais l'un de ceux-là. Au moment des délibérations, il semble bien qu'un certain nombre de ces condamnés à trente ans d'emprisonnement furent finalement condamnés à mort. Quant à moi, ma peine de trente ans avait été ramenée à vingt ans, mais dans ces terribles instants, je l'ignorais encore. Et le fait est que condamné à mort ou pas, ils nous obligent tous à sortir de la cellule. Jamais je n'ai vu pareille expression de terreur sur les visages, l'épouvante et l'horreur de ceux qui savent qu'ils vont mourir.

Ces terribles affres, pour moi, se terminent **le 29 mai 1939.** La guerre avait pris fin depuis presque deux mois exactement, quand je fus transféré avec d'autres détenus originaires de Castellar à **la prison provinciale de San Miguel de Los Reyes** (Valencia) où je devais rester jusqu'à la fin de 1939. Monotonie de la vie en prison : promenades quotidiennes dans la cour, et une nourriture infecte qui n'avait de soupe que le nom, ça ressemblait plus à de l'eau sale où on avait fait bouillir quelques rares fèves et blettes et une ration de 150 grammes de pain par jour. De temps à autre seulement arrivait un paquet d'Elisa, car à la maison, ma famille n'avait presque pas de quoi manger. Je me rappelle qu'une fois Elisa m'avait envoyé une boîte de lait condensé, un peu de charcuterie et s'il y avait autre chose je l'ai oublié. Je me souviens que je me suis dit : « Tiens le lait en boîte, je pourrai en mettre un peu chaque matin dans le café ».

Mais j'avais tellement faim que j'ai commencé à aspirer le lait par les deux petits trous que j'avais percés sur le couvercle de la boîte et sans même que je m'en rende compte, la boîte était vide! Quant à la charcuterie je l'ai mise de côté pour un autre jour, mais dès le lendemain, quand ils m'ont donné le pain, en moins de temps qu'il n'en faut pour le dire, j'avais englouti tout le pain et la charcuterie. Une autre fois, quelle déception ! Le colis d'Elisa m'était bien parvenu mais il ne contenait qu'un oignon ratatiné et une vieille brique. En chemin, il faut croire que les postiers, eux aussi, crevaient la dalle.

Les promenades consistaient en des aller-retours en

long et en large d'un bout à l'autre du grand patio : c'était un moment propice aux conversations avec les amis de Castellar et d'autres rencontrés sur place. J'ai oublié, bien sûr, le contenu exact de nos conversations sinon l'ordinaire de chaque jour sur « Radio Patio » : on dit que Franco a été arrêté, qu'il a dû se réfugier en Allemagne, que les groupes de guérilleros attaquent en passant par la Catalogne, l'Aragon, le pays Basque, nous serons bientôt libérés.... Que des bobards en fait, puisqu'il aura fallu plus de quarante ans pour en finir avec Franco. Le général Franco était bien enraciné et les soi-disant pays démocratiques préféraient le fascisme de Franco au communisme de Staline. Parce qu' au vu de la tournure des événements politiques en Espagne pendant toute la durée de la guerre civile, c'est bien le communisme bolchevique que nos voisins, la France et l'Angleterre, redoutaient plus que tout. Les gouvernements de l'époque, plus conservateurs que prévoyants, refusent de voir que leur comportement laxiste les menait tout droit à la guerre avec l'Allemagne quelques mois plus tard.

Quant à nous, nous demeurions enfermés entre quatre hauts murs, dans ce qui était l'une des prisons les plus sinistres d'Espagne. Les grandes nefs tout autour du patio servaient de dortoirs : il n'existait pas de cellules individuelles dans cette partie du bâtiment. D'un côté comme de l'autre, si je me souviens bien, j'étais au deuxième étage, une longue rangée de paillasses, sortes de grands sacs bourrés de paille et de feuilles de maïs, bien serrés les uns contre les autres, pour tout matelas. C'était notre espace pour dormir et se reposer quand on n'avait pas envie de se promener dans le patio. C'est dans cet endroit que j'ai confectionné un petit calendrier personnel que par hasard je conserve encore, mais qui est devenu presque illisible avec le temps, et qui correspond seulement à ces mois passés à San Miguel de Los Reyes. C'est là uniquement que j'ai eu le loisir de tenir un calendrier : par la suite, dans les autres prisons où j'ai été transféré et dans les camps de travail, c'est devenu impossible faute de temps et de disponibilité d'esprit.

Le dimanche, il n'était pas question de se soustraire à la célébration de la messe qui avait lieu dans la grande église à côté du patio; une heure durant, il fallait rester debout et supporter la messe. Je crois que devant Notre Seigneur nous avons gagné le grand sacrifice dominical.

C'est dans cette prison à San Miguel de Los Reyes- et j'allais presque oublier d'en parler- que j'ai rencontré **Señor Vallès**, mon instituteur du cours élémentaire à l'école primaire de Castellar.

Je dois avouer que quand j'ai quitté l'école, tout ce que je savais, c'était lire et écrire, et mon orthographe laissait beaucoup à désirer. En calcul j'étais loin d'être bon. Je maîtrisais à peu près l'addition, mais la multiplication me posait des problèmes parce que je n'avais pas mémorisé les tables correctement; c'était donc très laborieux de multiplier, et souvent, je n'arrivais à une solution qu'en comptant sur les doigts et en passant par des opérations intermédiaires. La division à un seul chiffre, je me débrouillais, mais à deux chiffres c'était trop pour moi, quant à la soustraction, ce n'était pas facile. Señor Vallès m'a pris en main, et dans les 6 ou 7 mois que nous avons passés ensemble en prison à San Miguel de los Reyes, il m'a enseigné tout ce que je n'ai jamais appris et que je commence à oublier. Señor Vallès m'a fait aimer l'arithmétique et si aujourd'hui, je sais faire une règle de trois simple et composée, la division euclidienne et si je comprends quelque chose aux fractions, c'est bien à lui que je le dois.

Mais je m'éloigne du récit des évènements proprement dits que j'ai pu retrouver assez précisément grâce à ce petit calendrier dont j'ai déjà parlé. C'est ainsi que je sais, par exemple, que le **9 février 1940, j'ai quitté San Miguel de Los Reyes pour Teruel.** Jouxtant le célèbre « Escalier des amants de Teruel » se trouvait, à l'époque, une vaste écurie qui hébergeait les chevaux de l'armée. Je suis resté là presque 2 mois, 56 jours exactement; je revois encore l'étable avec les mangeoires pour les chevaux, sur les hauteurs du domaine, le terrain était en pente et il y avait un grand figuier aux feuilles tombantes, à l'ombre duquel j'aurais bien aimé me reposer. Mais pendant la journée, tout délassement était interdit, et la nuit, nous dormions mal, à même le sol, enroulés dans une mauvaise couverture. Tous mes pauvres os étaient endoloris et je tenais à peine debout. **Le 13 avril 1940, je fus transféré avec d'autres à la prison du Couvent des Capucins à Teruel.** En fait, c'était là, au Couvent des Capucines que se trouvait le célèbre escalier et non pas à côté de l'écurie comme je l'ai dit plus haut, par erreur. Du patio des Capucines, nous apercevons la gare et les trains à destination de Saragosse. On nous remet à chacun un baluchon avec une paillasse qui au moins devrait nous permettre de mieux dormir. Heureusement que j'étais jeune! À propos de baluchons et de matelas, j'ai oublié de dire que dans les nefs où nous dormions à San Miguel de Los Reyes, quand nous allions nous asseoir sur nos paillasses, on pouvait voir sur les murs, des rangées bien alignée, en ordre militaire, de punaises et de poux, prêts à nous attaquer comme des bêtes affamées. Toute cette vermine nous causait des démangeaisons de toutes parts et je retirais les poux de dessous mes aisselles et de l'aine par poignées. Avec le temps, je finis par surmonter le dégoût que ces bestioles m'inspirent. Comment faire? Il n'existait aucune hygiène! C'est tout juste si je pouvais me laver la figure et changer de vêtements quand me parvenait par la poste un paquet de LINGE PROPRE que j'avais, précédemment et le plus régulièrement possible, envoyé à la maison pour qu'on me le lave, les frais de port à la charge du destinataire et sur le paquet figurait mention en toutes lettres LINGE SALE.

Je suis resté aux Capucins jusqu'au 13 août 1940 et le 14, j'ai été emmené dans un autre couvent aménagé en prison mais dont une partie continuait à être occupée par des religieuses. La journée, ils nous laissaient dehors dans le patio par tous les temps, et le soir ils nous faisaient entrer pour dormir. Nous étions entassés par centaines dans une salle immense encadrés seulement par des kapos. Tous debout, nous n'avions le droit de nous coucher qu'au son du cornet, et quand le silence se faisait, tous en même temps, nous devions nous laisser tomber sur le sol et rester ainsi les uns sur les autres, quelle que soit la position. C'est à ce moment-là que **les kapos** entraient en scène : munis d'une matraque, ils nous marchaient sur le corps et rouaient de coups ceux qui étaient encore debout ou qui n'avaient pas trouvé de place. Ils appuient avec leurs pieds jusqu'à ce que nous soyons bien rangés les uns à côté des autres comme des sardines en boîte. Et c'est ainsi que j'ai passé les **quinze nuits** où j'étais **en transit dans ce couvent de Casablanca en** plein centre de Saragosse.

CHAPITRE 13 - BELCHITE

Le 30 août 1940 j'arrivai au camp d'internement des condamnés de Belchite. (Province de Saragosse). Belchite était un gros village qui fut complètement rasé pendant la guerre. Les forces fascistes s'étaient acharnées sur lui. Les habitants se détruisirent entre eux, faisant preuve d'un fanatisme sans égal d'un côté comme de l'autre, tandis que le village de Belchite se retrouvait pris en tenaille entre les lignes de combat. Ils n'hésitaient pas à s'assassiner bien qu'appartenant à une même famille. Les Aragonais sont ainsi d'un caractère entier et jusqu'au-boutiste bien que capables aussi, en l'absence de querelle, d'une noblesse de cœur extrême envers tout un chacun.

Notre tâche était donc de **reconstruire tout le village** à un kilomètre de l'ancien : un nouveau Belchite moderne, les rues bien alignées selon un plan préétabli, et tout cela c'est les prisonniers et condamnés de guerre qui l'ont réalisé.

Du fait de ma profession de menuisier, Belchite représente pour moi une amélioration toute relative de mes conditions de détention. Je veux dire par là, que mon métier m'a valu plus d'une fois d'aller travailler dans le vieux village **chez des fascistes argentés** qui souhaitent restaurer leur ancienne demeure et qui obtenaient à moindre coût, des faveurs de Franco. Je mentirais si je disais qu'ils me regardaient du coin de l'œil, ces riches fascistes, puisque toutes les fois où je suis allé travailler dans leurs maisons, j'avais un bon et copieux déjeuner à midi et pendant la journée ils m'offraient à boire aussi souvent que je voulais, et un goûter, l'après-midi. Ils me témoignent parfois même, une certaine attention et ne manquaient pas de me confirmer que grâce à la recension (compte rendu critique) de mes prestations, je pouvais réduire la durée de ma condamnation, puisque chaque journée travaillée comptait pour deux jours d'emprisonnement. Il en était en effet ainsi dans la loi et je ne l'ignorais pas. De retour au camp, ils nous donnaient « un résumé de recension » censé refléter nos journées de travail, mais en fait, ils comptabilisent les jours comme ils voulaient, et nous ne savions jamais rien précisément. Seulement, à l'extérieur du camp, ils nous en parlaient, car c'était dans leur intérêt. La nourriture dans le camp laissait beaucoup à désirer : le matin du café avec du lait en poudre qui avait plus un goût d'eau que de café. Les autres repas c'était toujours la même chose : des pommes de terre et quelques blettes fermentées, de l'eau et 200 grammes de pain pour la journée.

A l'intérieur du camp, il y avait **un petit magasin d'alimentation** où, à condition d'avoir un peu d'argent, tu pouvais acheter des fruits, des biscuits, du vin et toutes sortes de nougats/ *turones de Jijona*. Pour ma part, de loin en loin, je recevais un petit virement d'Elisa qui, à l'insu de son père la plupart du temps, faisait tout ce qu'elle pouvait pour me soutenir. C'est ainsi que quelques fois j'ai pu me permettre d'acheter un peu de nougat ou des fruits et surtout du pain qui était tellement meilleur à l'extérieur du camp.

Nous étions **libres de circuler dans un rayon de trois kilomètres autour du site** de construction du nouveau Belchite. Dans cet espace existaient des maisons de particuliers qui nous vendaient du pain et quelquefois, même, principalement dans l'une de ces maisons, dans la zone de la gare ferroviaire de **Hutrillas**, il arrivait qu'ils me donnent du pain. Et bien souvent, ces aimables personnes m'invitent à partager le repas de la famille. Ils étaient responsables de la circulation du train qui reliait Hutrillas à Saragosse. C'était un petit train de marchandises qui transportait surtout des wagons pleins de betteraves sucrières et plus rarement quelques passagers. Je me suis lié d'amitié avec ces gens, car ils sympathisent beaucoup avec la cause des Républicains et tenaient à rester solidaires des *rojos* même dans l'adversité.

A Hutrillas, si j'avais voulu, j'aurais pu déserter, c'était facile. Mais j'étais loin de tout. Et où serais-je allé pour trouver un endroit sûr? Sans parler des contretemps qui n'auraient pas manqué de se présenter pendant le voyage. Dans ces moments-là, aussi bien dans les trains que sur les routes et en tout lieu, il fallait un sauf-conduit établi par les autorités pour se déplacer. Ce n'était pas le front et le pays tout entier était sous la férule du régime de Franco. Je ne peux pas dire que l'idée de déserter ne m'ait pas traversé l'esprit plus d'une fois; ça n'aurait été ni la première ni la dernière fois bien que la situation présente n'était pas comparable aux autres, ni avant, ni après. Je suis donc resté dans ce camp entouré de grands baraquements en bois où nous dormions sur une paillasse, les uns à côté des autres. C'était là aussi que nous prenions nos maigres repas. Quelques jours seulement après mon arrivée, **le 6 septembre1940, je fus assigné à l'atelier de menuiserie** où je devais demeurer plusieurs mois, au moins jusqu'à la fin de l'année 1941. **Mon petit calendrier qui** m'a bien aidé à retrouver toutes ces dates **ne va pas au-delà de l'année 1940**.

Dans ce camp de Belchite, j'ai connu des amis originaires de Berga (province de Barcelone). **Pedro Camps** à qui je rendrai ultérieurement plusieurs fois visite, ainsi qu'à sa famille, dans sa maison à Berga. Pedro travaillait comme menuisier à l'atelier. **Luis Pons**, lui, avait la responsabilité du lieu-dit *« El Bosque »*, un endroit où étaient entreposées des piles de troncs d'arbres. Ces troncs étaient utilisés pour la couverture des toits des constructions. Luis contrôlait les coupes de bois et les livraisons auprès des maçons qui venaient les chercher sur place. Luis avait été condamné à une peine moindre que la mienne et il bénéficia bientôt d'une amnistie qui lui permit de sortir en liberté conditionnelle. A son départ, c'est moi qui l'ai remplacé dans ses fonctions. *El Bosque* n'était pas très loin de la gare des trains et je retrouvais régulièrement la famille amie dont j'ai parlé. Nous discutions de la situation des uns et des autres et nous avions hâte que cet état de répression se termine enfin.

A mon poste du *Bosque*, je disposais d'une espèce de guérite, rien que pour moi, avec à l'intérieur, une table et des tiroirs où mettre les différents papiers, les reçus et les commandes de bois.

Mon travail consistait, comme celui de Luis avant moi, à prendre les mesures et à couper le bois aux dimensions requises, selon les besoins des maçons. Et une fois le bois coupé en morceaux, il fallait encore vérifier que je ne m'étais pas trompé, plutôt deux fois qu'une. A la fin de la journée, après avoir effectué tous les contrôles nécessaires, je déposais tous ces papiers au bureau à proximité du camp et, là, je côtoyais des hommes libres avec lesquels j'entretenais, malgré tout, de bonnes relations. Quelquefois, quand j'avais un peu d'argent, je leur demandais de m'acheter du pain dans le vieux village; plus d'une fois ils m'avaient ramené du pain sans me réclamer de l'argent; c'est à çà qu'on reconnaît « la noblesse des Aragonais », mais on n'en vint jamais à parler de la situation politique, ni du régime totalitaire de Franco.

A côté de la guérite, j'ai installé une espèce de caisse avec une plaque en fer, similaire à une plaque de cuisson comme on peut en trouver aujourd'hui dans nos cuisines. Je l'ai recouvert de terre et de boue et **je me suis fabriqué un four**. Dans cet endroit, personne ne me rappelait jamais à l'ordre, et dans ce four, j'ai réussi à cuire du pain; la farine, c'était assez facile de s'en procurer. La pâte restait un peu trop compacte, car la seule levure dont je disposais, je l'obtenais en laissant fermenter un peu de l'ancienne pâte à pain avant de la mélanger à la nouvelle pâte. Plus d'une fois, j'ai fait cuire du pain dans ce four improvisé pour mes compagnons de Berga : Pedro Camps, Casamartina, Corominas.

Je me rappelle aussi que bien des années plus tard, **tu devais avoir 5 ou 6 ans**, je suis allé avec ta mère voir Pedro et Corominas chez eux, **à Berga**. Peut-être t'en souviens-tu toi aussi, mais j'en doute, car tu étais encore bien petite. Pedro et sa famille nous ont réservé le meilleur accueil et tu t'es très vite entichée de lui comme tu le faisais parfois de certaines personnes plus que d'autres. Beaucoup d'années ont passé et je ne sais pas ce qu'ils sont tous devenus. La dernière fois que je suis allé à Berga avec ta mère, j'ai encore vu l'épouse de Pedro, c'est elle, qui m'a dit que son mari était mort depuis quelques années. A cette dernière occasion, j'ai aussi rencontré ses deux fils Jordi et Jésus qui habitaient dans un autre petit village non loin de Berga.

Lors de notre première visite, Pedro était encore en vie, et il a voulu t'emmener faire un tour du village.

Apparemment il t'a fait boire comme un homme, et tu es revenue en riant aux éclats, tu étais très contente. Je me suis de suite inquiété, comme tu peux l'imaginer, tu n'étais encore qu'une enfant, et j'ai eu peur que tu ne sois complètement saoule.

Sur un ton qui se voulait rassurant Pedro m'a dit : « Ne crains rien! Maria s'est follement amusée. Pourquoi ne lui demandes-tu pas de te raconter elle-même » ?

Mais voilà que je me mets à faire des digressions et je m'éloigne de l'époque où nous étions prisonniers au camp de Belchite. **Dans ce fameux four du *Bosque*,** en plus du pain, je faisais aussi cuire des betteraves à sucre, Il y avait des piles de **betteraves** qui attendaient à la gare d'être chargées dans le train à destination de la sucrière de Saragosse, et j'en prenais quelques-unes chaque fois que c'était possible en espérant ne pas être surpris. Le fait est que ces betteraves, une fois cuites au four, étaient succulentes et ont bien contribué à apaiser notre faim. Je suppose que si on m'avait fait une analyse de sang, ils auraient trouvé que mon taux de glycémie avait beaucoup augmenté. Un jour, quelqu'un m'a fait une remarque à ce sujet et j'ai commencé aussitôt à réduire ma consommation de betteraves.

De tout mon séjour à Belchite, je crois que **le plus beau jour de ma vie** fut **le 20 octobre 1940**. Pour la première fois j'ai eu l'immense bonheur de recevoir la visite de ma fiancée, Elisa accompagnée de Mariana ma future belle-sœur, qui n'était, à cette époque, que la promise de mon frère Andrès, et qui deviendrait ta marraine. Mariana et Andrès sont aujourd'hui décédés tous les deux.

José et Elisa à Belchite

Douce et belle Elisa à qui je reste redevable pour son aide et son tendre souvenir qui a réchauffé mon cœur tout au long de ces jours de privations et de tristesse. Elle eut bien du mal à obtenir l'autorisation de son père pour pouvoir faire ce voyage. C'est grâce à Mariana que le père d'Elisa connaissait bien et qu'il estimait beaucoup qu'il finit par céder à son désir de venir me voir à Belchite. Deux journées entières, Mariana et Elisa sont restées là, si je me souviens bien. J'étais aux anges! C'est ça l'amour, tu sais! J'ai perdu le compte de tous les baisers et étreintes que nous avons échangés. Quant au reste, c'était complètement interdit, même si on en mourait d'envie. Après leur départ, la monotonie des jours et la tristesse sont revenus me hanter.

A proximité du « Bosque » passait une route qui traversait des champs d'oliviers. Le dimanche et jours fériés, des couples venaient se promener dans ces parages, et voir la progression des travaux de reconstruction du nouveau Belchite. Comme je les enviais en les regardant passer tous ces couples d'amoureux enlacés, bras dessus, bras dessous. Je pouvais seulement espérer qu'un jour, peut-être, j'aurais accès, moi aussi, à ce ravissement, cette pure félicité.

Ainsi s'écoulaient les jours, les semaines et les mois. L'année **1941** était déjà **bien amorcée** quand **un voile blanc** commença d'apparaître **sur mon œil gauche**. Cela faisait longtemps déjà que je ne voyais pas bien de cet œil mais comme j'avais une bonne vision de l'œil droit, jeune comme j'étais, et compte tenu des circonstances, je n'y ai pas trop prêté attention.

Je fus examiné par le médecin du camp qui n'était autre qu'un prisonnier comme nous, mais qui avait les attributions nécessaires pour prendre une décision, si besoin était. Il me fit hospitaliser à **l'hôpital régional de Saragosse** où je fus opéré par un chirurgien ophtalmologiste le **Dr Palomar**, qui m'enleva ce qu'il a appelé une cataracte juvénile, mais qui s'avéra en fait ultérieurement, n'être rien d'autre que la conséquence directe de la blessure causée par l'éclat d'obus sur le front d'Armillas.

Je suis resté **trois mois** dans cet hôpital où je n'étais pas maltraité, à vrai dire : je mangeais à ma faim et les sœurs et les infirmières étaient gentilles. La religieuse qui s'occupait de la salle Noailles où je me trouvais, salle qui était réservée aux opérés des yeux, se mit en tête de me faire aller à confesse avec le curé de l'hôpital. Elle insistait aussi pour que j'assiste à la messe tous les dimanches. Une fois, dans son zèle, elle m'avait même pris un rendez-vous avec le curé; pour ne pas la froisser, je lui ai dit :

- « Oui, oui, j'irai », mais quand arriva le moment, après la messe dominicale, d'aller se confesser, j'ai volontairement laissé passer tous ceux qui le souhaitaient, et le curé qui devait être pressé, a fini par déguerpir alors que je continuais d'attendre, mettant ainsi un terme à mon embarras.

A la fin des trois mois, on me ramena au camp de Belchite où j'ai continué d'attendre le jour de ma libération. Dans **ma vie de condamné** il n'y avait que le travail avec pour seule détente la promenade quotidienne dans la cour au milieu des pavillons. Au son du clairon nous entrions dans le baraquement qui nous était dévolu et où les rangées de sacs bourrés de paille qui nous servaient de matelas nous offraient le seul espace dont nous disposions pour nous asseoir, et nous reposer, posés au ras du sol, sur un plancher en bois brut. C'est là aussi où nous prenions nos maigres repas, quelques blettes fermentées dans leur jus avec, parfois, pas toujours, des petits bouts de viande dont nous ignorions quelle viande ça pouvait bien être, et quelquefois, si on avait pu se l'acheter à l'épicerie du camp, un petit complément. Nous mangions tout en conversant avec nos voisins de chambrée. Le soir, une fois le repas terminé, certains continuaient à discuter, d'autres jouaient aux cartes, écrivaient ou dessinaient. Chacun occupait son temps comme il pouvait.

Pour ma part, je consacrerai ce temps à écrire des **lettres** à ma fiancée et à ma famille et j'aimais beaucoup aussi faire des **dessins humoristiques** ou des caricatures sur les enveloppes et sur **un petit bloc-notes** que je conserve encore à ce jour. Sur les enveloppes, j'avais fait quelques dessins qui avaient fait l'admiration du facteur selon les destinataires. Tous ces courriers et les dessins sur les enveloppes ont disparu, à cause de la **peur des représailles** contre moi ou mes proches. (Seul a survécu le petit bloc-notes toujours en ma possession).

Autant que je me souvienne il n'y avait pas matière à représailles dans la majorité de ces dessins, à l'exception, peut-être, d'une ou deux caricatures qui représentait la République et qui étaient accompagnés d'une légende, plus ou moins libertaire comme « Vive la République! ». Malgré le fait que j'ai été arrêté et emprisonné, les autorités n'ont jamais procédé à des fouilles à la maison, mais la crainte des perquisitions, surtout à la fin de la guerre, a fait que toute la correspondance a été détruite.

Au son du tocsin, les conversations s'arrêtaient et le silence se faisait :il était l'heure de dormir. Les surveillants, des prisonniers comme nous, étaient responsables du bon respect du règlement. Pour notre part nous faisons en sorte de faciliter la tâche du responsable de notre pavillon et il nous le rendait autant que possible. Ainsi il nous laissait continuer à lire ou à écrire ou à chuchoter discrètement jusqu'à ce que nous tombions de sommeil. Un gardien de nuit venait à heure fixe et à son passage, le silence régnait.

¿me permite V. acompaña...

Dulce espera.

le périodique « ***Rédemption par le travail*** » nous était distribué tous les jours. On pouvait y lire toutes les informations qui présentaient un intérêt pour le pouvoir en place que ce soit en Espagne ou à l'étranger. C'est dans ce périodique que je découvris, un beau jour, que ma peine de 20 ans d'emprisonnement pour cause de délit de soutien à la rébellion (delito auxilio a la rebellion) -comme si ce n'étaient pas eux qui avait fomenté le coup d'état contre le gouvernement républicain légalement constitué et élu lors d'élections libres en 1931- que donc **ma peine de 20 ans venait d'être commuée en une peine de 12 ans et un jour.**

Cette annonce me procura, comme tu peux l'imaginer, un grand soulagement, bien que la mention *« et un jour »* n'exclut pas la possibilité d'une prolongation indéfinie. Mais bon, pensais-je, si Luis Pons, dont j'occupais maintenant la place au « Bosque », avait pu sortir en liberté conditionnelle avec une condamnation à 12 ans, sans mention toutefois du jour supplémentaire, espérons, qu'à un jour près, le décret de sortie serait étendu à ceux qui avaient cette mention de *« et un jour »*. A un jour près, pourquoi ne pas croire que c'était possible ?

Au **début de l'année 1942** parut enfin **un décret** qui allait bien **dans ce sens**, sans que soit précisé pour autant **la date de la libération** Quand paraîtrait-elle dans le Bulletin Officiel? **Mystère!** Les jours passaient : un réel espoir s'était levé, néanmoins, toute ma famille et moi attendions ce jour avec une immense impatience! Comment en aurait-il été autrement? Mais ainsi passèrent encore le mois de février, puis mars et les suivants : l'attente était interminable et la flamme de l'espérance s'éteignait peu à peu. Personne ne savait rien et aucun périodique ne parlait plus de ce décret.

CHAPITRE 14 - LIBERTE CONDITIONNELLE

A la fin, et après qu'on nous ait laissé entendre dans le journal, qu'un encouragement nous serait donné pour **Noël**, le 19 décembre de cette même année **1942**, un article paru dans le B.O, nous informant qu'un décret allait bientôt être publié à propos de la mise en liberté de tous ceux dont la peine était inférieure à 12 ans et un jour. Mais dans mon cas, il y avait bel et bien ce jour supplémentaire, alors, dans ma tête, comment ne pas être aux prises avec le doute ?

Mais non! Cette même nuit du 19 décembre, je fus convoqué par la direction du camp, et ils m'annoncent que je devais rassembler mes affaires et me rendre à la gare des trains pour 10 heures le lendemain matin, puisqu'ils avaient reçu un ordre de mise **en liberté conditionnelle** me concernant. Ils me remirent un billet de train pour Barcelone et Rubi où habitaient ma mère et ma sœur Agustina. Je dois aussi leur communiquer l'adresse du domicile où je résiderai en liberté surveillée. À mon arrivée, j'ai dû me présenter au comité de suivi des prisonniers en liberté surveillée de Rubi où ils m'ont délivré un carnet sur lequel figurait chaque mois la date à laquelle j'étais tenu de me présenter devant eux.

Le jour du départ, j'ai fait **une halte à Saragosse** où habitaient des amis que j'avais connus pendant mon séjour de trois mois à l'hôpital ainsi que leurs familles. Ils étaient tous écœurés par le régime de Franco. Les uns m'invitent à déjeuner, les autres à dîner. Ces deux familles étaient dans la joie de partager ce qu'elles avaient. A la fin de la journée, il m'a été impossible de prendre le train de nuit à destination de Barcelone. C'est alors que mon compagnon d'hôpital **José Serrano Soriano** insista pour que je reste dormir chez lui. Après le dîner nous sommes sortis faire un tour à Saragosse : le coquin il m'a entraîné dans un dancing où nous avons rencontré de jolies jeunes filles, et le reste je ne peux pas le raconter! Ensuite nous sommes allés au cinéma où j'ai vu le premier film depuis mon arrestation : *« le prisonnier de Zenda »* avec Ronald Colman. Le lendemain, après le petit déjeuner, José et sa sœur Pilar m'ont accompagné à la gare centrale de Saragosse, j'ai oublié quelle heure il était. Je suis monté dans le premier train à destination de Barcelone et je suis arrivé dans la capitale l'après-midi. J'ai pris le tramway qui existait encore à cette époque pour me conduire à la gare des chemins de fers de Catalogne sur la Plaza de Catalunya, et une heure plus tard, j'arrivai à **Rubi**. Personne n'était venu m'attendre à la gare car ma famille ignorait quand j'allais venir. Je ne connaissais pas le nouveau logement de ma mère mais j'avais son adresse : **Calle San Miguel 28.**

Le jour qui a suivi mon arrivée, le 22 décembre, je me suis présenté devant **le conseil de liberté surveillée** et il en fut ainsi **tous les mois** qui suivirent jusqu'au jour où j'ai reçu une notification de cette assemblée qui siégeait à la mairie de Rubi, datée du **14 juin 1944**, pour être précis, dans laquelle on me demandait de me présenter muni de 3 photos d'identité et d'autres documents en ma possession relatifs à la liberté conditionnelle dont je jouissais. Ils me préviennent également que si je manquais à l'appel je devrais en supporter les préjudices. Je me suis donc rendu à la **convocation le 22 juin 1944 entre 17h et 18h** comme indiqué sur le papier. Je n'ai jamais su exactement pour quelle raison ils voulaient les photos et les autres documents. Je ne peux que supposer que c'était pour leurs archives, car ils me dirent seulement qu'il n'était plus nécessaire de continuer à me présenter, ma bonne conduite leur suffisait.

Du 22 décembre 1942 au 22 juin 1944, 18 mois ont passé. Pendant cette période, j'ai travaillé à **Las Fons de Terrassa**. Au début je n'ai pas eu d'autre solution que de travailler dans une briqueterie avec mon beau-frère Jaume. Le patron de la fabrique **Calabuy** était aussi entrepreneur en bâtiment et quand il a su que j'étais menuisier, il m'a installé à l'atelier qu'il avait dans sa propre maison et chargé d'exécuter des travaux de menuiserie. Les choses se passaient plutôt bien, et après quelque temps, Señor Calabuy m'a proposé de me lancer à mon compte si je voulais : en échange d'un loyer, je pourrais continuer de travailler à l'atelier et à utiliser les machines, les commandes étant assurées grâce à son propre travail dans le bâtiment.

CHAPITRE 15 - MARIAGE ET CAMPS DISCIPLINAIRES

Mariage de José et d'Elisa le 12 mars 1944

Tout semblait évoluer pour le mieux et dans le bon sens. **Le 12 mars 1944 Elisa et moi nous étions mariés** et à 26 ans, je croyais être enfin tranquille et pouvoir commencer une nouvelle vie. Mais je n'étais pas encore au bout de mes peines, car **au mois de septembre** de cette même année, **j'ai été appelé sous les drapeaux pour effectuer le service militaire dans un bataillon disciplinaire** au motif que je n'avais pas été jusqu'au bout de ma condamnation. **Elisa** était **enceinte de 4 mois** de notre fille Anita, et voilà que j'étais dans l'obligation de repartir et de la laisser seule avec ma mère. Sur le moment, j'étais tellement abattu que je ne pouvais imaginer comment j'allais jamais pouvoir me relever de ce malheur.

En septembre donc j'ai dû rejoindre **l'armée**. J'ai été affecté à **Algésiras** en Andalousie où nous sommes arrivés après trois jours de voyage et trois changements de train sans parler des heures d'attente. Dès notre arrivée dans un camp de baraquements, on nous a mis au travail sur les routes. Nous retournons au camp pour les repas de midi et du soir et à chaque fois nous étions forcés de transporter une grosse pierre sur l'épaule et de la déposer au centre du camp sur un gros tas qui servait aux constructions. La nourriture dans ce camp, où je suis resté deux mois, était infâme, et avec seulement 0,50 centimes de peseta par jour, c'était notre solde journalier, et ce que m'envoyait Elisa, j'arrivais à m'acheter du pain et des œufs. Quand j'étais encore à la maison, quelqu'un m'avait recommandé de faire des cures d'œufs de neuf jours, rien que le jaune avec du sucre, comme fortifiant général et calmant pour les nerfs.

Au bout de deux mois, je fus transféré dans un autre camp à **Xauen** au Maroc espagnol, où j'ai continué de travailler à la construction des routes.

Un jour, ils ont eu besoin de volontaires pour aller à **Guadarrama** (Province de Madrid) non loin de l'Escorial, à condition toutefois que ces volontaires aient déjà un métier en main. Plus d'une centaine de candidats ont répondu à l'appel mais 25 seulement ont été retenus parce que leur dossier mentionnait la même profession ou métier depuis leur arrestation. J'ai fait partie de ceux qui ont été acceptés et me voilà à nouveau en route pour Guadarrama où ils construisaient un sanatorium dans les montagnes à trois kilomètres du village. Le sanatorium fut appelé du nom du généralissime Franco. Sur ce nouveau lieu de travail, où nous étions hébergés dans un autre camp de baraquements, ma tâche a consisté à poser des coffrages. Un souvenir me revient à présent et fait que je reviens un peu en arrière : à Algésiras, un jour où j'étais bien malade, et n'avais pas l'intention d'aller travailler, j'ai dû passer par le dispensaire, le médecin qui devait être un salopard m'a fait ouvrir la bouche en grand et me l'a remplie d'huile de ricin, en me disant que je n'étais pas le seul à être malade et il m'a aussitôt renvoyé au travail. Par chance, j'ai pu me précipiter aux toilettes avant d'ingurgiter l'huile, mais malade ou bien portant, ça ne valait pas la peine de repasser le voir.

José en uniforme de soldat à Guadarrama (1945)

A Guadarrama, dans l'enceinte du camp, nous avons continué d'être surveillés comme des prisonniers par des soldats libres. A la fin de la semaine, nous étions libres de sortir du camp jusqu'au dimanche soir, mais nous devions être de retour, au plus tard, le lundi matin à l'heure de reprendre le travail. On pouvait aller jusqu'à Madrid ou dans les villages voisins où quelquefois même, il nous arrivait d'aller au bal, histoire de se distraire un peu et d'oublier nos misères. C'est dans le village de Guadarrama, que j'ai fait la connaissance de **Señora Kintina**, comme on l'appelait, et de sa famille, des filles et des fils, presque tous en bas âge, et un mari qui était en France.

Une trentaine d'années plus tard, je me souviens lui avoir rendu visite pendant des vacances, au cours d'un voyage que nous avons fait tous les trois avec ta mère et toi. Tu devrais t'en souvenir car tu avais déjà dans les 15-16 ans et nous avons visité l'Escurial avant d'aller à Madrid et de poursuivre vers l'Andalousie. C'est lors de cette visite que j'ai appris de la bouche même de Señora Kintina que son mari était mort d'un accident en France.

Après la guerre, quand je travaillais à Guadarrama, la famille de señora Kintina était dans le besoin et ne mangeait pas à sa faim. Avec un camarade du camp, lorsque nous étions de corvée à la cuisine, nous prenions tout ce que nous pouvions, quelques pommes de terre, des pois chiches que nous cachions dans nos poches pour les lui apporter ensuite. Elle nous avait pris en affection mais elle avait toujours peur qu'il nous arrive quelque chose à cause d'elle.

Le temps que j'ai passé au camp de Guadarrama n'a pas été le plus éprouvant, quant à la nourriture du moins, on arrivait toujours à se débrouiller. La privation de liberté, évidemment, c'était dur, et le travail, en lui-même, n'était pas facile. Pour poser les coffrages, je travaillais presque toujours en hauteur et je n'y voyais plus que d'un seul œil. C'était vraiment dangereux.

Quand nous étions **en permission**, je me rappelle que nous allions avec quelques autres compagnons du camp jusqu'à un village dont j'ai oublié le nom, **un village limitrophe entre les deux provinces de Madrid et de Segovia**. Ce petit hameau appartenait déjà à la province de Segovia et nous y allions exprès pour acheter du pain et de la farine parce que le pain local était très bon. Nous repartons avec des sacs de 30 kilos de farine sur le dos. Ainsi chargés, nous parcourons une quarantaine de kilomètres, faisant un quart du trajet à pied et le reste à bord d'un train de marchandises que nous prenions dans la province de Segovia et qui nous amenait jusqu'à Tablada, une petite localité située à 3 kilomètres à pied du camp. D'autres fois, pour éviter d'être vus, nous descendions du train à l'autre bout du tunnel de Tablada, et nous montions par des sentiers dans la montagne jusqu'au col de l'Alto de los Leones où passe la frontière qui délimite la province de Segovia de celle de Madrid, frontière que nous franchissons d'ailleurs en traversant le tunnel.

Une fois, je me souviens que **sur ces sommets de la Sierra de Los Leones**, nous avons aperçu la Garde civile. Nous avions juste eu le temps de déposer notre fardeau et cachés derrière des buissons, nous avons vu qu'ils s'apprêtaient eux aussi à se reposer. Après plus d'une demie heure d'attente passée à les observer, ils ont repris leur chemin dans la direction inverse du nôtre. Quand ils se furent suffisamment éloignés et qu'ils ne pouvaient plus nous voir, nous avons remis les sacs de farine sur le dos et regagné tranquillement les abords du camp. Sans nous arrêter, nous avons continué notre chemin par l'extérieur, comme à l'accoutumé, jusqu'à arriver à Guadarrama où nous attendait señora Kintina. Nous lui confiions notre chargement, et elle se chargera de vendre la marchandise au prix convenu entre nous. C'est comme ça que nous avons pu gagner un peu d'argent au **marché noir** évidemment. Elle gardait de quoi faire du pain pour ses enfants et le reste, elle le vendait avec un petit bénéfice que nous partagions, parce que dans ces moments-là, c'est ainsi que l'on survivait.

Chaque fois que nous allions au hameau où nous achetions le pain et les sacs de farine, c'était pour nous, un **jour de fête**. Les paysans nous invitent à dîner et nous offrent de la bonne charcuterie, des œufs frits et du bon pain comme à leur habitude. Au moment de prendre le train, non loin de Segovia, plus d'une fois, le contrôleur nous voyait monter, et quand nous nous y attendions le moins, on le voyait apparaître dans le wagon où nous nous trouvions. En échange d'un pain de chacun de nous, il nous laissait terminer le voyage tranquillement. Des fois pour passer le temps agréablement, nous allions danser dans un village qui s'appelait **Los Molinos** à quelques cinq kilomètres du camp. Pour s'y rendre plus rapidement nous passions à travers champs. Certains étaient clôturés par des murets de pierres sèches et dans ces enclos gîtent **des bandes de taureaux sauvages** qui parfois nous fixaient du regard et donnaient des coups de pattes avant comme s'ils étaient sur le point de nous foncer dessus bien qu'ils ne l'aient jamais fait réellement.

Je me souviens aussi qu'une autre fois, toujours en passant par ces mêmes endroits, nous sommes allés danser dans un autre village, plus loin que Los Molinos, du nom de **Cercedilla**. Les filles du coin avaient une préférence pour les soldats étrangers qu'il s'agisse de soldats issus « des bataillons disciplinaires », comme nous, ou de « soldats libres ». Au bal, nous étions tous sur un pied d'égalité. Ces virées avaient lieu le week-end quand nous étions en permission. Dans leur grande majorité, les habitants de ces villages sympathisaient plus avec nos idées qu'avec celles de Franco, car pendant toute la durée de la guerre, toute cette zone était restée loyale aux forces républicaines. Une des fois où nous sommes allés danser à Cercedilla, les jeunes phalangistes du district ont mis le chahut pour protester contre le fait que la plupart des filles choisissent de danser avec nous plutôt qu'avec eux. La Garde Civile qui était toujours présente au bal, et ça va sans dire du côté des Phalangistes, est intervenue très vite. Mais parmi les soldats disciplinaires, se trouvaient beaucoup de légionnaires, des hommes habitués à risquer leur vie pour un oui pour un non, et en moins de temps qu'il n'en faut pour le dire, l'affaire a dégénéré en **une énorme bagarre**. Les gens effrayés s'enfuyaient en hurlant, les lumières sautaient par moment, les tricornes de la Garde Civile volaient de tous côtés. On se serait cru au Far Ouest ! La bataille a pris fin sans que les gardes civils soient capables d'appréhender un seul d'entre nous. Notre capitaine nous avait bien avertis :

- « Si vous vous faites arrêter, quel qu'en soit la raison, je ne pourrai rien faire pour vous ».

Dès le lendemain, le capitaine nous rassembla en rangs dans la cour, face à la Garde Civile, mais nous savions à quoi nous en tenir et aucun de nous n'était allé à Cercedilla ce jour-là, après tout, nous n'étions pas le seul camp militaire dans le secteur. Malgré que les gardes civils reconnurent certains d'entre nous, on a tous donné la même réponse négative et ils ont dû s'en aller sans pouvoir arrêter personne.

La meilleure période de mon séjour à Guadarrama fut quand, en **février 1945** je crois, mais je n'en suis pas sûr, **Elisa est venue me voir.** On m'avait accordé l'autorisation d'aller l'attendre à la gare à Madrid. Mais ce jour-là fut **un jour d'angoisse** pour Elisa et pour moi car une fois sur place nous ne nous sommes pas retrouvés. Je ne savais pas où donner de la tête. Devais-je téléphoner ou essayer de la chercher? Finalement je me suis dirigé vers la maison d'un ami qui habitait Madrid. Nous avons été en prison ensemble, et avec sa permission, j'avais communiqué son adresse à Elisa. Auparavant je m'étais rendu à la centrale téléphonique où j'avais vainement essayé d'obtenir une communication. A cette époque, les téléphones étaient choses rares et il fallait passer par une opératrice pour être mis en relation téléphonique. Je suis arrivé chez mon ami dans un état de grande agitation et de frayeur. Mon ami et sa femme m'attendaient sur le pas de la porte. La première chose qu'ils m'ont dite, avant même de me faire entrer, furent ces mots : « Elisa est là. Mais laissez-la d'abord se reposer. Elle s'est endormie! »

Enceinte de plusieurs mois, la naissance d'Anita, notre première fille, était prévue pour la mi-avril, Elisa était littéralement épuisée par le voyage.

Comme c'était le matin, nous sommes restés quelques heures à Madrid en compagnie de nos amis, jusqu'à l'heure de prendre l'autocar à destination de Guadarrama, qui se trouvait à une cinquantaine de kilomètres de la capitale. À notre arrivée, señora Kintina nous attendait et avait préparé une chambre pour Elisa où elle a pu rester les quinze jours qu'a duré son séjour.

Le capitaine ne voulait pas me permettre de passer les nuits avec ma femme, mais je dois reconnaître que c'était un bon capitaine pour tout le bataillon. Malgré son refus, Elisa décida d'aller quand même lui parler, et bien qu'il lui ait opposé une fin de non-recevoir en disant que ce n'était pas possible et que nous les jeunes nous étions devenus fous, il finit par consentir à ce que le soir, après le travail, sous escorte d'un sergent qui habitait Guadarrama, je puisse la rejoindre le temps de son séjour, à condition, bien sûr, que tous les matins je me présente au camp un peu avant l'heure de la reprise du travail et toujours accompagné du sergent. C'est ainsi, qu'au moins, nous avons pu profiter d'être ensemble tous les deux toutes les nuits. Du samedi au dimanche nous avions deux jours entiers pour tirer avantage de ma permission. Ainsi nous avons visité pour la première fois le palais de *l'Escurial* non loin de Guadarrama et d'autres sites de la région à proximité. Le jour du départ d'Elisa pour Rubi, nous avons passé la journée à Madrid où nous avons visité le parc du *Barrio del Lavapiès*, *la Gran Via* et d'autres sites de la capitale que je n'ai plus en mémoire. Je me rappelle bien que nous sommes allés manger dans un restaurant et qu'on nous a servi des tripes à la madrilène et que tout près du restaurant nous avons fait une de ces photomaton instantanées sur laquelle nos têtes se touchent amoureusement. Je pense qu'en cherchant, peut-être, je pourrais la retrouver.

Ces quinze jours de retrouvailles avec Elisa, malgré le travail de chaque jour, comptent parmi les meilleurs moments de ma vie.

Entre le retour d'Elisa à Rubi en février mars, et la fin du mois de juin 1945 il s'est passé beaucoup d'événements. A un moment donné on nous accorda **une permission plus longue que d'habitude,** de quatre jours, je crois bien, et j'ai décidé d'en profiter pour aller à **Rubi.** Rejoindre ma femme était mon idée fixe. D'autres que moi ont fait de même et ont regagné leurs foyers en d'autres lieux d'Espagne. Toujours est-il, qu'à notre retour, plusieurs d'entre nous sont arrivés au camp avec un jour de retard. Nous savions, ou du moins pour ma part, je m'attendais à **une punition exemplaire** et je ne me suis pas trompé. Eh bien, trois mois durant, après la journée de travail, le repas ne nous a été servi qu'à dix heures du soir et pendant que les autres mangeaient, nous étions tenus de rester debout et de faire des exercices en alternant pas de course et marche au pas. Au bout d'une heure de cette pratique, il nous fallait encore marcher en portant un gros sac sur le dos jusqu'aux contreforts de *la Butte de Los Leones* (Alto de los Leones) en passant par la gare des trains de Tablada, un parcours de 6 kilomètres en tout. Au retour seulement, on nous servait à manger. Jamais avant.

D'après ce que j'ai su plus tard, et je dois dire que ça ne m'a guère étonné, le capitaine de notre bataillon avait été démis de ses fonctions, et muté ailleurs. La rumeur disait que l'État-Major l'avait jugé trop indulgent avec les soldats disciplinaires.

Vers le 11 avril, sur présentation d'un certificat médical attestant qu' Elisa était sur le point de mettre au monde notre enfant, et à condition de revenir au camp, au plus tard, dans les deux jours qui suivraient l'accouchement, et de produire un autre certificat faisant foi de la date, **le nouveau capitaine m'autorise à partir**

pour assister à la naissance.

Elisa et Anita bébé (1945)

CHAPITRE 16 - EVASION

Les nouvelles par ouï dire qui circulaient à l'intérieur du camp n'étaient pas encourageantes, et il faut croire que j'ai eu tort de les écouter, car si je ne l'avais pas fait, je me serais probablement évité bien des angoisses et des difficultés, pour moi-même et ma famille, ainsi que tous ces longs mois où j'ai dû vivre caché.

Le bruit courait en effet que nous devions attendre l'expiration de notre peine comme prisonniers politiques au sein d'un régiment et que même si comme c'était mon cas, la condamnation avait été commuée à 12 ans et un jour, la peine initiale restait de 20 ans. C'est impossible d'imaginer l'impact qu'une telle information a eu sur nos jeunes esprits, faisant germer l'idée que **si nous devions être privés de liberté à vie, nous étions prêts à tout risquer.**

C'est ainsi que **le 28 juin 1945**, avec un compagnon galicien, nous avons pris **la décision de nous enfuir du camp de Guadarrama**, et de mettre ainsi un terme à ce service militaire à durée indéterminée, advienne que pourra. **La nuit était obscure**, un vent froid soufflait par rafales, et faisait s'entrechoquer violemment les boites de conserves vides suspendues aux barbelés des clôtures qui par des nuits plus calmes avertissait du moindre mouvement. Il pleuvait une pluie fine, une sorte de crachin et nous avons pensé que les conditions nous étaient des plus favorables. Quelques jours auparavant, nous avions déposé nos affaires chez Señora Kintina que notre projet de fuite inquiétait. Nous sortîmes par la partie basse du camp où coulait un ruisseau presque à sec qui nous offrait son abri et nous parvînmes sans encombres chez señora Kintina. La pauvre femme affolée ne cessait de nous mettre en garde et nous exhortait d'être très prudents. Un soldat libre nous avait procuré un laissez-passer et une permission sur lesquels étaient apposés les tampons et cachets de la commanderie de l'Escurial. Il ne nous restait plus qu'à compléter les formulaires et à les signer. Nous sommes remontés par le même ruisseau en contrebas du camp et de bon matin nous sommes arrivés à Tablada. Nous connaissions bien les horaires du train de Madrid. A cette heure matinale la garde civile faisait sa ronde, mais profitant du moment où ils s'éloignaient et nous tournaient le dos, nous sommes montés dans le train sans être vus, et le plus tranquillement du monde. A cette époque, je possédais encore un sang-froid que j'ai perdu depuis longtemps. Le train qui ne s'arrêtait à Tablada que quelques minutes se mit en marche et nous nous installâmes côté fenêtre à proximité des gardes qui ne manifestent, en nous voyant, pas la moindre surprise. Pour eux, nous n'étions que deux soldats en permission. A Madrid, on attendait pendant deux heures le train à destination de Barcelone. Les contrôleurs passèrent vérifier nos billets que nous avions achetés avec une réduction de 75 pour cent grâce au permis que nous étions allés chercher la veille de notre départ à Tablada. En fin de journée entre 5 et 7 heures, il était assez facile d'échapper à la surveillance des gardes et pourvu que nous soyons de retour au camp à l'heure du dîner, personne ne remarquait notre absence. A **Barcelone**, nous nous sommes rendus directement à une adresse où nous attendait une famille que je connaissais : **calle de la Pajajunto**, non loin de Paseo de San Antonio, qu'on appelle aujourd'hui la Gran Via. **Señora Petra**, notre hôtesse, nous met tout de suite en garde : pas question d'aller à Rubi, ta sœur Agustina est venue nous prévenir que la garde civile te cherche et qu'ils sont venus perquisitionner chez toi, me dit-elle.

C'était un couple merveilleux très humains et d'une grande noblesse d'âme. Ils nous ont offert l'hospitalité jusqu'à ce que nous trouvions un travail et un logement et nous les avons remerciés du mieux que nous avons pu. Républicains ardents, très antifascistes, ils avaient accueilli plusieurs autres déserteurs comme nous, originaires de Castellar. Tous avaient trouvé chez eux un asile temporaire. C'est ainsi que j'ai entendu parler d'eux et qu'a commencé à poindre en moi la détermination de m'enfuir du camp de Guadarrama. Grâce à eux, nous avions un point de chute! Il est très probable que sans leur accord et leur aide, nous ne nous serions jamais lancés dans une telle aventure. Lors de mes précédentes visites en permission, nous avions parlé ensemble de la possibilité de déserter, un choix hasardeux que par prudence, ils m'avaient plutôt déconseillé, tout comme ma famille d'ailleurs. Mais tous ces bons conseils ne m'empêchent pas de faire ce choix et de m'engager sur ce chemin. Il faut croire que c'était mon destin !

CHAPITRE 17 - CLANDESTIN

Jésus, le premier, trouva un travail dans le bâtiment et se mit à rechercher une chambre. Quant à moi, je suis allé à **Santa Coloma de Barcelona** où j'ai commencé à travailler dans une briqueterie. Le travail était tellement pénible que la plupart des employés se présentaient le matin et demandaient leur salaire à la fin de la journée. Je n'avais pas d'autre recours. J'espérais trouver un autre emploi mais j'étais **sans papiers**, et **à la briqueterie**, ils embauchaient sans demander une pièce d'identité. Et c'est pour cette raison que je me suis accroché. Au bout de quelque temps, ils m'ont fait travailler en équipe. Le travail était moins harassant mais tout de même assez fatigant. Le responsable de la répartition de l'eau et du nivellement de la boue dans la chaîne de fabrication des briques avait quitté la place. Pour réussir cette manœuvre, il fallait un certain savoir-faire. Celui qui l'avait remplacé ne s'en sortait pas, c'est alors qu'ils m'ont demandé si je me sentais capable de le faire.

- « Je ne perds rien à essayer », ai-je répondu.

En position assise toute la journée, ma seule tâche consistait à bien calculer le débit de l'eau. Je demeurais à ce poste plusieurs semaines. J'avais loué une chambre à proximité chez des personnes très gentilles et je prenais mes repas dans un modeste restaurant du quartier. J'ai pris l'habitude, quand j'avais du temps, d'aller au cinéma. Je crois que j'ai fini par connaître tous les cinémas de Barcelone qui dans ces années-là avaient le vent en poupe. Pendant toute cette période, je n'ai jamais été vraiment inquiété. J'avais les documents d'identité d'un camarade prisonnier rencontré au camp de Belchite qui avait été libéré et me les avait laissés au cas où il me viendrait un jour l'idée de m'enfuir. J'ai utilisé ces papiers jusqu'à la légalisation de ma situation. Je ne comprends pas malgré tous mes efforts, je ne parviens pas à me remémorer le nom que j'ai porté alors. Peut-être vais-je le retrouver en cherchant dans la paperasse que j'ai conservée. Ah! mais voilà que ça me revient à l'instant tandis que j'écris ces lignes. VALENZUELA ! C'était le nom de famille mais le prénom continue de m'échapper... était-ce José ou Antonio? Je ne peux l'affirmer.

Le temps passait et bien que toujours dans la clandestinité, je me suis enhardi jusqu'à trouver un travail à **Rubi** dans une nouvelle **usine - Cal Gaspar-** qui venait d'ouvrir ses portes. Ils m'ont déclaré à la Sécurité Sociale sous ce nom de Valenzuela, et bien qu'ayant cotisé un certain temps, il n'a pas été possible de le faire valoir pour ma pension de retraite. Évidemment, ce n'est pas possible de cumuler des cotisations versées sous deux noms différents

J'ai beau m'efforcer, **je n'arrive pas non plus à comprendre pourquoi j'ai continué à travailler ainsi dans la clandestinité pendant des mois et des années,** tout en habitant à la maison, au n°28 Calle San Miguel à Rubi, et sans plus me cacher aux yeux de personne au fil du temps. En plus de mon travail à l'usine, pendant mes heures de loisir, je faisais des bricoles chez moi pour le compte du contremaître et pour d'autres ouvriers, et camarades du boulot qui m'ont demandé de leur faire divers petits travaux.

Pourquoi ce manque d'intérêt pour la régularisation de mes papiers et un possible retour à la liberté ?

Mais voilà que je m'éloigne de la situation où je me trouvais **en 1945** quand je travaillais encore **à la briqueterie** et m'occupais de la bonne répartition de l'eau. On devait être en **juillet août quand j'ai donné mon congé pour partir à Rubi**. Le patron était désolé car il était très content de mon travail.

- « Si tu veux une augmentation, il suffit de me la demander », me dit-il.

J'ai prétexté que j'étais menuisier et espérais trouver un travail qui me corresponde mieux mais en fait, rien n'était moins sûr. A dire vrai, je ne me sentais plus en sécurité, et je craignais que ma liberté ne soit menacée. Il me fallait donner mon linge à laver et si quelqu'un venait à soupçonner quelque chose, je pourrais être dénoncé. Je savais que j'étais recherché par la garde civile et qu'ils avaient fait une descente chez moi à Rubi et même à Llorca (Murcia) où je suis né.

Pendant que j'étais à Barcelone, j'ai rendu visite à un **cousin** que je ne connaissais pas, c'était le **fils de mon oncle Angel**, qui était le frère de ma mère, et que je n'ai d'ailleurs jamais revu par la suite. J'avais appris par la famille qu'il faisait son service militaire à San Andrès, une banlieue de Barcelone. J'ai également reçu la visite d'**un neveu, fils de Josefa, ma sœur aînée**, qui est aujourd'hui décédé à cause d'un accident dont on peut craindre qu'il ne l'ait provoqué lui-même, ne supportant pas la mort de Tomasa sa femme. Il s'agit, bien sûr, d'**Andrès dit el Rebello** que tu as bien connu ainsi que ses deux enfants André et Anne-Marie puisque vous êtes allés à l'école ensemble ici à Cagnes. Il avait été **envoyé par la famille afin de me proposer un travail dans une maison à la campagne où je passerais plus inaperçu**

qu'à l'usine et où je mangerais mieux. Et ce fut là la véritable raison de mon départ de la briqueterie de Santa Coloma.

J'ai dû demeurer dans cette maison de campagne jusqu'à la fin de l'année 1946. Les propriétaires qui connaissaient bien mon neveu Andrès, m'ont toujours traité avec beaucoup de respect et d'amabilité. Les journées de travail étaient fort longues. Dès cinq heures du matin j'étais dans les champs et à dix heures du soir, après le dîner qui était toujours très à mon goût et servi à volonté, je me retrouvais à aller chercher de l'eau pour les bêtes avec la carriole. **Je n'avais que le dimanche après-midi de libre. Le plus souvent, j'allais au cinéma à Sabadell, et la plupart du temps nous nous retrouvions avec Elisa et ma mère** à un moment ou un autre, mais toujours trop brièvement et seulement à la tombée de la nuit, pour éviter d'être repéré, puis il me fallait rentrer à la ferme malgré l'heure tardive pour être à pied d'œuvre le lendemain. J'ai oublié le nom de cette maison où j'ai travaillé mais elle se trouvait à proximité de Sabadell dans un lieu-dit Barbara. Un des fils de la maison s'appelait Pera mais c'est tout ce dont je me souviens.

J'ai gardé le souvenir que cette année-là, pour **Pâques**, mes patrons me firent cadeau d'un beau poulet et m'accordent d'aller chez moi comme je le leur avais demandé. Ils me laissèrent partir dès le samedi après-midi jusqu'au lundi soir. J'étais transporté de joie bien que je regrettais de devoir rester tout ce temps à l'intérieur de la maison. Si quelqu'un d'inconnu venait, je courais me cacher. J'ai toutefois réussi à voir presque tous les membres de ma famille à l'exception des enfants.

Un jour, j'ai fait part à mes patrons de mon souhait de leur présenter ma femme Elisa et ma petite fille Anita. Ils ont accepté avec grand plaisir, et, **un dimanche, je suis allé chercher Elisa et Anita à la gare de Sabadell pour les ramener au domaine.** Nous avons passé une journée des plus agréables en présence de la propriétaire et de sa fille, enthousiasmées de les rencontrer. Nous avons partagé un repas ensemble puis je les ai raccompagnées à la maison avant de revenir moi-même à la ferme par le train du soir.

Je suis encore resté quelque temps chez ces employeurs, mais comme je le disais, **vers la fin 1946 ou début 1947, je suis retourné vivre à Rubi.** J'avais trouvé **un emploi comme menuisier dans un petit atelier de Sabadell**, et cette fois, ce n'était pas un mensonge. Avant de m'en aller, mes patrons m'ont demandé : « Êtes-vous sûr de pouvoir retourner chez vous en toute tranquillité » ?

Je suis resté cloué sur place car j'ignorais complètement que mon neveu Andrès les avait mis au courant de ma situation lorsqu'il leur avait demandé s'ils étaient d'accord pour m'embaucher. Et le plus étonnant, à mes yeux, c'est que **ces gens** étaient véritablement des gens **de droite!**

Tous les jours je faisais **le trajet Rubi-Sabadell** pour me rendre à mon travail à bicyclette. De San Quirico, petit village à 3km de Sabadell jusqu'à Vives je parcourais environ 4 km à pied à cause de la route qui montait bien mais au retour je me laissais descendre sur mon vélo jusqu'à Rubi dissimulé sous le manteau de la nuit. Le quartier de Rubi où j'habitais était tranquille et au début du moins, je faisais très attention à ce que personne ne me voie. De plus, à cette époque, peu de gens me connaissaient à Rubi et il était assez aisé de passer inaperçu aux yeux des voisins. Ce parcours je le faisais en compagnie de quelqu'un qui partageait mes convictions et au fil des jours, nous en sommes arrivés à avoir vraiment confiance l'un dans l'autre. Il s'agissait d'un certain « *L'Aguilaret* » qui pendant la guerre avait été maire de Rubi et comptait parmi ses conseillers, mon beau-frère Julio, l'époux de ma sœur Maria, aujourd'hui décédés tous les deux.

Señor Aguiler, je l'ai encore vu il y a deux ans de çà, à Rubi. Il avait beaucoup vieilli et je ne l'ai pas reconnu tout de suite. Avec mon ami Paquito nous sommes allés un jour au foyer des personnes âgées de Rubi et je lui ai demandé si Señor Aguiler vivait encore et il m'a dit : « Tiens regarde c'est lui qui est assis là-bas »!

Nous nous sommes salués et après quelques explications, il a fini par me reconnaître. Nous avons discuté un bon moment. Puis nous sommes repartis Paquito et moi. Et il me semble bien, avoir eu vent par la suite, de sa mort peu de temps après cette rencontre; il avait 90 ans.

C'est ainsi qu'après avoir quitté le domaine agricole près de Sabadell, j'ai travaillé un certain temps dans cet atelier de menuiserie, mais je ne saurais dire précisément combien de temps. Tous **ces souvenirs se bousculent à présent dans ma tête**, mais quand je compare avec l'âge qu'avait Anita, à cette époque, il me semble que certaines de ces périodes où j'ai travaillé dans des lieux différents a été moindre. C'est pour cette raison que je suis incapable d'évaluer la durée exactement.

Comme j'écris ces lignes, me revient en mémoire que **pendant que je vivais encore caché chez señora Petra, une fois, Elisa est venue me rendre visite avec notre Aniteta.** Je me souviens bien que señora Petra nous a dit : « Soyez très prudents et prenez toutes vos précautions, je sais bien que vous avez très envie de vous voir, c'est normal, mais faites attention. Surtout Elisa, ils peuvent facilement te suivre jusqu'ici, et arrêter ton mari ».

Ce scénario ne s'est jamais réalisé, fort heureusement, mais il aurait pu se produire, auquel cas, j'aurais aussi, sans le vouloir, mis en danger les personnes qui m'avaient donné l'asile. Mais le désir de voir ma femme et ma fille était plus fort que tout.

Quinze jours plus tard, nous nous sommes retrouvés directement à Barcelone, et je me rappelle encore que nous sommes allés nous promener au **Parc Guell**. Le temps semblait avoir suspendu son vol, assis sur un banc dans les magnifiques jardins du parc, je n'avais d'yeux que pour ma femme et ma petite fille. Elle venait de faire deux mois, était vêtue d'une adorable robe blanche et portait un joli chapeau blanc assorti à sa robe. Je ne pouvais pas dire le nombre de fois où je les ai embrassées toutes les deux.

Depuis que je m'étais enfui du camp militaire de Guadarrama, c'était **la première fois où nous étions seuls tous les trois**. Quand Elisa était venue chez señora Petra, la pauvre femme avait pris grand soin de nous faire asseoir à distance l'un de l'autre dans sa salle à manger car il y avait d'autres personnes dans la maison à ce moment-là, et elle voulait éviter les soupçons à tout prix; elle avait présenté Elisa comme une de ses amies qui était venue lui montrer la petite. En conséquence, nous avons seulement pu nous regarder de loin et converser comme si cette rencontre ne signifiait rien de particulier pour nous deux. Elisa resta aussi longtemps qu'elle le put et au moment de s'en aller, nous nous dîmes au revoir, comme si nous venions de nous rencontrer. Elle partit donc avec la petite prendre le train pour retourner à Rubi sans que j'ose l'accompagner comme j'aurais tellement souhaité pouvoir le faire. Tandis qu'elle s'éloignait, j'ai continué de parler avec les autres personnes présentes, l'air de rien, comme si j'étais un ami de la famille. Heureusement la gare n'était pas très loin de la maison de señora Petra. Sauf que je suis resté avec un goût de miel dans la bouche, et la conscience aiguë que si j'avais agi différemment, j'aurais pu attirer des ennuis. Si señora Petra nous avait demandé de nous conduire ainsi c'est qu'elle avait de bonnes raisons.

Le père d'Elisa fut averti, je ne sais comment, du fait qu'elle se rendait à Barcelone. Sans doute que quelqu'un de San Cugat où Elisa avait vécu chez son père, avant notre mariage, l'avait reconnue dans le train et l'en avait informée. Troublé et inquiété par cette nouvelle, d'autant qu'il me croyait toujours bidasse au camp de Guadarrama, je ne sais ce qu'il s'est imaginé au juste, toujours est-il, qu'un jour, il a fait irruption à Rubi, sans prévenir personne et a tenu à sa fille cet étrange discours : « Dis donc, qu'est-ce que tu vas faire à Barcelone ? Tu as besoin de quelque chose? Pourquoi tu fais ça »? lui a-t'il demandé sur un ton des plus courroucé. Sans doute, a-t-il pensé qu'elle allait gagner sa vie à Barcelone d'une façon peu honorable.

Avec la suite des évènements, je crois bien qu'il a dû finir par apprendre la vérité me concernant. De mon côté, je n'ai pas été mis au courant de cette humiliation tout de suite. Mais avec le temps, j'ai fait en sorte qu'Elisa ne soit plus obligée de venir à Barcelone pour me retrouver. Je suis parti travailler à **Sabadell**, d'abord comme ouvrier agricole puis à **l'atelier de menuiserie**.

Après quelques mois dans cet atelier, j'en suis venu à discuter avec le patron de mon salaire. D'après un collègue de travail, il ne me payait pas suffisamment et malgré une petite augmentation, suite à la discussion que nous avions eue, je continuais de penser que ce n'était pas assez. Il m'envoyait fréquemment sur des chantiers de villas qui se construisent sur la commune de **San Quirico** à trois kilomètres de Sabadell. Mon travail consistait à installer portes et fenêtres dans ces maisons neuves.

Pendant que je travaillais à San Quirico, j'ai noué amitié avec **un entrepreneur du bâtiment** qui avait été prisonnier en même temps que moi à San Miguel de Los Reyes (Province de Valencia). Et même s'il ne s'agissait pas de mon métier, il me proposa un emploi de manœuvre avec un salaire plus élevé et j'ai accepté son offre, ayant besoin de mieux gagner ma vie, maintenant que j'avais une famille à charge. J'ai travaillé encore quelques temps comme clandestin, jusqu'à ce qu'un jour avec les rumeurs, de plus en plus fortes, d'octroi d'une amnistie générale, y compris pour les déserteurs comme moi, j'ai arrêté d'avoir peur et j'ai décidé de rentrer à la maison auprès de ma famille.

Au début, comme je le disais plus haut, j'ai travaillé à **la briqueterie « Can Vallhonrat »** où Jaume, le mari de ma sœur Agustina, occupait une place de responsable; j'y suis resté plusieurs mois, mais je ne saurais pas dire combien exactement. Comme les autorités ne paraissaient pas s'intéresser à moi et du fait qu'à part les voisins immédiats dans la rue où j'habitais, personne ne me connaissait à Rubi, je suis parti travailler pour **Cal Gaspar, une entreprise dans la construction,** pas très loin de Rubi. C'est dans le cadre de ce dernier emploi que j'ai dû, pour la première fois, être affilié à la Sécurité Sociale. Heureusement, je n'ai jamais eu besoin d'y avoir recours pendant cette période. Au début, je posais les coffrages, mais très vite le contremaître, **Señor Léon,** a vu que j'étais capable de faire autre chose que le travail d'un manœuvre et il m'a pris en grande sympathie. J'ai exécuté un certain nombre de petits travaux pour sa maison que personne jusqu'ici n'avait été en mesure de réaliser. Il est venu un jour, à Rubi, accompagné de son épouse et nous les avons gardés à manger. Une autre fois, ce sont eux qui nous ont invités à Barcelone : je me souviens même que nous avons passé la nuit chez eux après avoir été dans les grands magasins l'après-midi faire quelques emplettes pour nos épouses et nous avons terminé la soirée au bal.

CHAPITRE 18 - FIN DE LA CLANDESTINITE

Tout ce temps où je travaillais à Cal Gaspar, malgré tout, je suis parvenu à mener une vie assez normale, tout en habitant à la maison mais j'étais toujours un clandestin, et je continuais de travailler sous un faux nom. C'est en **1948** seulement que **l'amnistie tant espérée fut enfin accordée** à tous les fugitifs et déserteurs de la zone républicaine.

Mon beau-frère Jusep, le frère aîné d'Elisa, était au courant de ma situation. Il avait fait son service militaire à Saragosse dans la zone occupée par les forces fascistes de Franco parce qu'il se trouvait là par hasard au moment où la guerre civile espagnole avait éclaté. Avec mon accord, bien sûr, Jusep, après me l'avoir vivement conseillé, lui-même, se chargera de déposer **ma demande de recours en grâce** auprès des autorités. Cinq ou six mois plus tard, j'ai reçu un avis de convocation de la Garde Civile de Rubi. Je devais me présenter à la caserne de la ville pour obtenir des informations suite à mon recours en grâce. Je dois avouer que j'étais mort de trouille, et compte tenu de mes antécédents, me présenter à la Garde Civile me paraissait à la fois insensé et dangereux.

Après avoir lu attentivement la lettre, Jusep me parla en ces termes : « Ne crains rien! **Le décret d'amnistie** est pleinement effectif à présent, et tu remplis toutes les conditions pour en bénéficier. Ils ne peuvent rien te faire. S'il y avait le moindre problème, tu me préviens, mais tu dois résoudre cette affaire une bonne fois pour toutes. Tu ne peux pas continuer à vivre incognito »!

Je me suis donc présenté à la caserne de la Garde Civile de Rubi : « Il semble que vous ayez déposé une requête de grâce vous concernant qui a été approuvée par l'Administration ».

Muni d'un imprimé qu'ils m'ont remis en mains propres je suis allé à la mairie où ils m'ont délivré une nouvelle carte d'identité et tous les justificatifs dont je pouvais avoir besoin pour valider mon statut social, étant entendu que pour le moment, ma liberté restait encore soumise à conditions. C'était la fin de ma vie de clandestin.

Quelques mois après, toutefois, j'ai appris qu'une bonne partie de **mes voisins n'ignorait rien de mes allées et venues pendant tous ces mois** où j'avais vécu en me cachant dans ma propre maison. **La première fois**, je ne crois pas que quiconque ait pu me voir, aussi cela ne manqua pas de me surprendre, car tout à côté de la maison existait un ruisseau qu'on appelait, assez profond par endroits, que je traversais à gué. Ma maison était la toute dernière à l'extrémité de la rue (Calle San Miguel), et il y avait une rampe d'accès et un escalier extérieur qui conduisent aux chambres du premier étage. Tout au bout de la rampe se trouvait une fenêtre qui ouvrait sur la chambre de ma mère. Avec beaucoup de précautions, je suis passé à travers les champs en contrebas de la maison, le long du torrent, puis en escaladant un peu le mur, j'ai pu me hisser suffisamment pour me laisser ensuite glisser jusqu'à la rampe de l'escalier. C'est ainsi que je suis parvenu, la première fois, jusqu'à la fenêtre de la chambre de ma mère. La nuit était bien avancée et tout le monde dormait à la maison. Je craignais d'effrayer ma mère en faisant ainsi irruption en plein milieu de la nuit, aussi ai-je tapé doucement à la vitre. On imagine facilement la surprise que lui occasionna cette visite imprévue.

Je travaillais alors au domaine agricole à Barbara près de Sabadell et par la suite, je suis revenu quelquefois, à la fin de la semaine et en empruntant ce même chemin. Mais **avec le temps**, j'ai fini par entrer par la porte car Elisa qui savait à peu près l'heure à laquelle j'allais arriver, restait éveillée pour guetter ma venue et m'ouvrir la porte de l'intérieur.

Lorsque tous mes documents d'identité furent régularisés, j'ai dû me présenter à nouveau devant le comité de liberté surveillée; ils ont enregistré ces nouvelles données et le secrétaire m'a dit : Je vous connais bien Señor BLAZQUEZ, ce n'est plus la peine de vous présenter devant nous dorénavant. S'il y a du nouveau, je vous tiendrai informé. J'ai continué de travailler deux mois encore à Cal Gaspar mais sans le mettre tout de suite au courant de mon changement d'identité. Entre temps, on termina de travailler sur les chantiers en cours et **señor Léon** voulut m'envoyer travailler dans son entreprise de Barcelone sur un autre grand chantier. C'est alors que je lui ai révélé la vérité à mon sujet et à en juger par l'expression d'étonnement sur son visage, mon histoire ne manqua pas de le toucher et de forcer son respect. Il me fit part de toute son admiration, me félicita pour mon sang froid et le comportement on ne peut plus normal de l'ouvrier qui figurait dans ses archives sous le nom de Valenzuela. Il voulut aussitôt me faire un nouveau contrat à mon nom et prénom mais je déclinai sa proposition. J'étais trop désireux de me rapprocher de mon foyer et j'avais bon espoir de retrouver du travail facilement. Après cet entretien, j'ai dû voir señor Leon encore deux ou trois fois chez lui. Et à chaque fois il se disait épaté par ce que j'avais été capable de faire. Un jour, j'ai appris par hasard, qu'il avait quitté le domicile conjugal, car apparemment il ne s'entendait plus avec sa femme, et il n'a plus jamais donné de ses nouvelles.

A cette époque, j'ai commencé à travailler avec un maître d'œuvre de Rubi parce qu'il me fut impossible de trouver un emploi de menuisier comme je l'aurais souhaité. J'avais dans l'idée d'aller trouver Calabuy à Las Fonts de Terrassa, mais on m'apprit qu'il était décédé depuis peu, et j'ai dû accepter le travail qui se présentait.

C'est ainsi qu'en **1949** je me suis retrouvé à faire le manœuvre pour le compte d'un certain **Freixas**. Au bout de 5 ou 6 mois à peine, il licencia tous les ouvriers faute de travail. Je suis resté quelque temps sans emploi fixe, mais je me débrouillais toujours à faire des bricoles à la maison pour les uns et les autres et au moment des vendanges, j'allais aider à la récolte du raisin. Ma vie suivait un cours on ne peut plus normal et n'avait rien de très original.

Ainsi passèrent les jours et les semaines jusqu'en **Mai-Juin 1950**. C'est à cette date que j'ai commencé de travailler à l'usine de **Can Roses à Rubi où j'allais rester 12 ans**. En 1962, j'ai quitté cet emploi de Can Roses pour partir en France à **Morzine (Haute Savoie)** travailler comme émigré. **Deux ans à peine s'étaient écoulés quand j'ai déménagé** avec toute ma famille **dans le Sud de la France, à Cagnes sur Mer**, où j'habite encore aujourd'hui et où je suis en train d'écrire ces mémoires fantaisistes, « farfelues » comme on dit ici.

CHAPITRE 19 - CAN ROSES

Toutes ces années où j'ai travaillé à **Can Roses** m'ont laissé un assez bon souvenir. Bien que n'exerçant pas mon métier de menuisier, ce n'était pas un travail pénible, je gagnais bien ma vie, et je ne m'ennuyais jamais. J'avais d'excellentes relations avec les collègues de travail et **Ramon,** le responsable, était une bonne personne. Comme il savait que j'étais menuisier, bien des fois, il m'autorise à rester chez moi pour que je lui fasse de petits travaux. Une fois, il m'a demandé de lui faire **un frigidaire.** En ce temps-là, les frigidaires ne fonctionnaient pas encore à l'électricité mais ils marchaient très bien. J'ai fait d'une pierre deux coups, comme on dit, et avec les restes de matériaux achetés pour faire le sien, j'ai fabriqué un deuxième frigidaire pour mon propre usage. La structure de base n'était autre qu'une armoire en bois assez rudimentaire dont on recouvrait les parois à l'intérieur avec des plaques de polystyrène afin de créer un espace isotherme. Dans la partie supérieure, on prévoyait un compartiment spécial où on déposait un bloc de glace qu'il fallait renouveler tous les jours ce qui permettait de conserver les aliments au frais. Ce fut là notre premier frigidaire.

A Can Roses, **mon premier emploi consistait** à disposer le fil dans des caisses puis à les mettre dans une pièce hermétiquement fermée. Dans cette pièce, se trouvait un grand bassin d'eau avec des tubes percés tout autour et des planches en bois, légèrement espacées, qui recouvraient toute la surface de l'eau. Quand la chaudière marchait, l'eau se réchauffait et produisait de la vapeur, c'est ce qu'on appelait « *évaporer le fil* ». Après avoir été ainsi exposé à la vapeur, le fil retournait dans les caisses et était stocké en magasin. J'étais chargé de vérifier le bon déroulement de ce processus et je veillais aussi à ce que les caisses de fil soient bien rangées et alignées puis, une fois ce travail terminé, je remettais les fiches de suivi au bureau. Après l'avoir méticuleusement pesé et contrôlé, il ne me restait plus qu'à transporter le fil dans de grandes panières jusqu'au quartier des métiers à tisser. Les ourdisseuses préparaient les fils de chaîne et l'enroulement avant de transférer le tambour au rouleau arrière du métier à tisser sous l'œil vigilant des contremaîtres. Plus d'une fois je les ai aidés à exécuter cette manœuvre pour que le tissage puisse commencer. **Les deux propriétaires de la fabrique** de Can Roses **señor Casanovas et Señor Julia** ne s'entendaient pas et ils en vinrent finalement à se séparer et à se partager le négoce.

Du temps où ils travaillaient encore ensemble señor Casanovas se chargeait du **département des filatures et du lavage de la laine**. Mon frère André travaillait déjà dans cette usine et c'est lui qui m'avait fait embaucher. **Señor Julia ne passait que de temps en temps pour donner son feu vert. Au début, ils m'ont mis dans le bureau à mesurer les découpes de pièces de tissu de laine destiné à la confection** de costumes et de pantalons que le représentant de la fabrique vendait auprès de la clientèle. Je prenais les mesures, m'occupais de l'emballage et des dernières vérifications d'usage avant de les déposer au service des expéditions.

Lorsqu'après plusieurs disputes les patrons décidèrent de se séparer, Casanovas conserva le secteur des filatures et lavage des laines tandis que Julia gardait le secteur des textiles, mais il s'en suivit **une période d'environ un an,** en attendant que le partage devienne effectif, **où nous avons continué d'aller travailler mais**

où nous étions oisifs. Notre salaire sans augmentation ni primes continuait de nous être versé mais la production proprement dite était stoppée et notre seul travail consistait à préparer les commandes que le représentant continuait de prendre selon les pièces de tissus existantes.

Ils licencient alors un grand nombre d'ouvriers. Ils leur offraient une somme d'argent assez conséquente pour qu'ils acceptent de partir vu que la loi ne leur permettait pas de congédier le personnel sans les indemniser. Pour ma part, ils ne m'ont jamais rien proposé de tel, sinon je crois que j'aurais accepté, mais **on ne sait jamais vraiment ce qui aurait été préférable.**

Le jour où Julia a pris en main les textiles les choses ont commencé de bouger et ils m'ont assigné à la section des filatures où j'étais chargé d'approvisionner les machines en fil (machines à filer appelées continues) À l'aide d'un appareil spécial et de mes mains, je mettais le fil en écheveau. Mon travail consistait ensuite à composer des pelotes de laine destinées au tissage « *point d'aiguille* » ou « *tricotage* ».

Quand je travaillais encore au bureau, je me rappelle que tout au long de cette période de flottement où nous étions tous désoeuvrés et faisions un peu ce que nous voulions, une fois, je t'ai emmenée avec moi pour te présenter aux collègues. Tu étais **une petite poupée** adorable, et tu es vite devenue l'attraction et la distraction du jour puisque aussi bien au bureau que dans les ateliers, ourdisseuses, fileuses et autres employés n'avaient d'yeux que pour la Mariona. On devait être à la fin 1960, car tu es née le 16 juin 1958, alors que je travaillais encore au magasin et à ce moment dont je parle, tu n'avais guère plus de deux ou deux ans et demi.

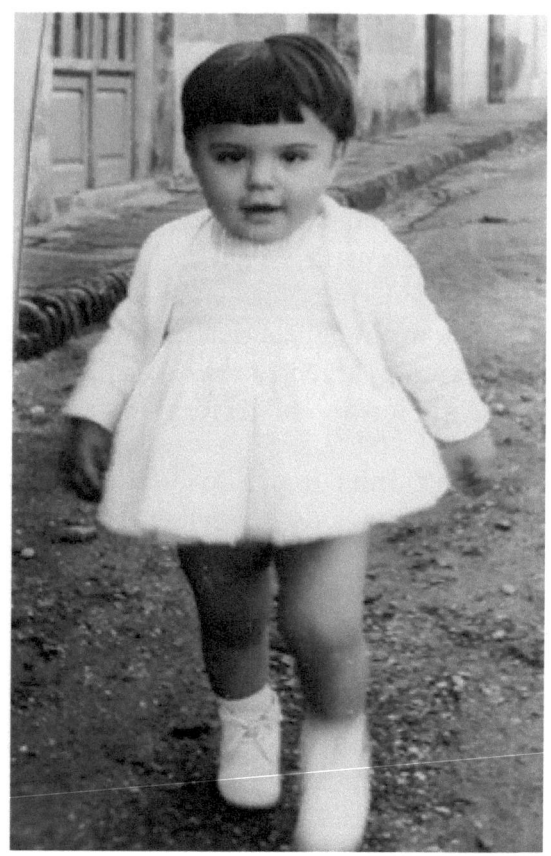

Maria / Mariona

Dans ces années-là, je possédais **une moto Guzzi** que j'avais achetée à crédit en 1955 ou 1956 avec des remboursements étalés sur deux ans. Je l'utilisais chaque jour pour me rendre au travail et à mon retour, **la petite « Reine de Mars »** (*Reina de Marte*, en Catalan), comme je t'appelais alors, aimait que je la monte sur le réservoir à essence de la moto, et lui fasse faire un tour dans la rue en la tenant fermement entre mes bras. Je ne sais si cela t'a laissé des souvenirs mais il y a une photo qui en témoigne.

José et « la petite Reina de Marte »

Trois ou quatre ans avant ta naissance, en 1953 ou 1954, j'avais fait la connaissance de **Paquito**. Nous avons tellement sympathisé tous les deux que nous sommes très vite devenus les meilleurs amis du monde. Il possédait aussi une moto Guzzi de 55 centimètres, et moi, je n'avais alors qu'une mobylette. Notre amitié ne s'est jamais démentie et perdure encore aujourd'hui, malgré les longues années de séparation à cause de mon immigration en France. Mais chaque fois que je retourne en Espagne je ne manque jamais d'aller lui rendre visite ainsi qu'à toute sa famille.

Elisa et moi, nous nous entendions merveilleusement bien avec Paquito et sa femme, **Jacinta** Lorsque j"ai eu ma Guzzi, il a acheté un scooter I 50, et notre plus grand bonheur était de partir tous les quatre sur les routes. Nous avons ainsi effectué ensemble plusieurs excursions parfois de deux ou trois jours. Nous avons vraiment pris beaucoup de bon temps et nous gardons de cette époque d'excellents souvenirs. Peu leur importait à Paquito et Jacinta où nous allions, si c'était moi qui organisait le voyage. Ils se reposaient entièrement sur moi et ne craignaient plus, disaient-ils, de se perdre en route. Quand Elisa s'est retrouvée enceinte de toi en 1957, les virées à moto n'ont plus été possibles pour elle, car il fallait faire attention à ce petit être qu'elle portait en son sein.

En balade avec Paquito et Jacinta

Anita qui était alors âgée de **12 ans** a souvent pris sa place dans ces balades à moto ou ma sœur Anita de Castellar qui m'a aussi accompagné quelquefois, mais plus rarement. Avec Anita, une fois, nous sommes allés jusqu'au lieu-dit « **Los REBOLLOS** » **près de Llorca** (Province de Murcia). **Mon frère André et sa fille Agustina** participaient aussi à cette excursion et j'ai le regret de dire que le voyage de retour n'a pas été aussi harmonieux que d'habitude quand nous allions avec Paquito et Jacinta. Dans un village près de Cartagena qui s'appelle **Union**, j'ai voulu qu'on s'arrête pour déjeuner et bien que j'ai insisté pour pousser un peu plus loin car il était encore de bonne heure et je n'avais pas encore très faim, j'ai poursuivi ma route en espérant le rencontrer là où je me suis arrêté pour déjeuner sur la route. Mais après l'avoir attendu un long moment et ne le voyant toujours pas apparaître j'ai dû en conclure que nous nous étions perdus de vue et à partir de ce moment-là, chacun a dû faire le voyage de retour de son côté. J'avais encore espoir qu'il ferait peut-être une halte chez la cousine Dolores de Vinaroz, où nous avions passé une nuit à l'aller, mais il ne s'y trouvait pas non plus. En fait, je n'ai plus rien su de lui jusqu'à mon retour à Rubi. Elisa avait aperçu sa fille Agustina assise sur le pas de la porte de leur appartement le jour avant mon arrivée ce qui naturellement n'a pas manqué de l'inquiéter. A cette époque nous n'avions pas de téléphone mais finalement tout est rentré dans l'ordre à mon retour. C'est regrettable qu'à cause de l'obstination des deux frères on se soit retrouvés dans une situation pareille et encore plus regrettable que ce genre de malentendu se soit souvent reproduit alors même qu'au fond nous avions de l'affection l'un pour l'autre. Avec mon frère Andrès, il faut croire qu'on était jamais sur la même longueur d'onde et, de ce fait, nous n'arrivons jamais à être d'accord sur rien. Paquito, mon ami, me disait plus d'une fois :

- « Comment se fait-il que nous deux on se comprend si parfaitement et qu'avec ton frère Andrès vous ne soyez jamais d'accord? »

Je revois tout cela dans ma tête et tout ça me paraît bien ridicule. Je ne comprends pas que de telles bêtises puissent exercer une telle influence sur le caractère personnel de chacun de nous. C'est ainsi pourtant que les choses se sont passées et notre relation a continué d'être ce qu'elle avait toujours été.

Le temps suivait son cours et mon travail à Can Roses n'allait pas sans une certaine monotonie. Me revient à la mémoire **un jour d'angoisse** :ma mère avait eu l'idée de t'emmener avec elle pour venir à ma rencontre. A un moment donné, tandis que les deux patrons recherchaient un accord sur les modalités de leur séparation et du partage de l'usine, ils avaient mis en service un fourgon qui déposait les ouvriers souhaitant rentrer chez eux à l'heure du déjeuner et ce même fourgon revenait les prendre deux heures plus tard pour les ramener à l'usine. Ce jour-là, en arrivant à hauteur de la rue où je descendais habituellement de la fourgonnette, je vous ai vues, ma mère et toi sur le trottoir. Quelle mauvaise idée j'ai eu de vouloir attirer votre attention. Sans penser à mal ma mère, déjà très âgée, te tenait par la main, elle s'est avancé un peu pour traverser la rue et, à cet instant même, a surgi devant vous un scooter.

Exactement en face du lieu où se produisit l'accident, se trouvait le cabinet médical de notre médecin de famille : le Dr Maximino.

Plusieurs personnes et moi-même avons couru à votre secours. Je t'ai prise dans mes bras; tu étais terrorisée. Tremblant d'angoisse, je te serrais contre moi, et je t'ai emmenée ainsi chez le médecin. Pendant qu'il prodiguait ses soins à la abuela, il m'a envoyé à la pharmacie la plus proche chercher un médicament pour toi, tellement tu étais en état de choc. A la pharmacie, alors que je te tenais toujours serrée dans mes bras, ton épouvante s'est transformée en pleurs, et à mon retour chez le Dr

Maximino, il m'a dit que c'était bon signe. Bien que l'état de ma mère continuait de m'inquiéter, j'ai commencé à me tranquilliser un peu à ces paroles. Nous avons ramené ma mère à la maison avec la fourgonnette de Can Roses. Le médecin m'avait dit qu'elle n'avait que des blessures superficielles, sans gravité et qu'elle n'avait rien de cassé ce qui eut pour effet de me rassurer tout à fait. Elle resta plusieurs jours au repos à la maison et le Dr Maximino est venu la soigner à domicile dans les jours qui ont suivi. Pendant ce temps, nous avons fait les différentes démarches auprès de l'assurance du conducteur qui a pris tous les frais médicaux à sa charge.

Mariona et Abuelita à Rubi

Le propriétaire du scooter se trouvait être un grand ami de mon beau-frère Julio et de Maria ma sœur. Il m'a tout de suite reconnu, c'était son fils qui conduisait le scooter mais dès qu'il a appris l'accident, le père est tout de suite venu à la maison pour nous proposer son aide si nécessaire. Il craignait un peu que je n'engage des poursuites contre lui. Conforté par le médecin et voyant que l'état de ma mère n'était pas trop grave et qu'elle allait s'en remettre, je n'ai pas voulu causer de problèmes à ces amis de la famille et je n'ai donc pas porté plainte contre lui.

CHAPITRE 20 - LE REVE FRANCAIS

Les années 1960 à 1962 furent marquées pour moi par une très forte dépression. Quelle en était la cause ? Je ne peux pas l'affirmer avec certitude mais tout semble indiquer que c'était la conséquence des traumas et des épreuves du passé : la guerre, la prison, la faim, la pauvreté. De ma famille, l'amélioration relative mais réelle de ma situation économique au cours de ces dernières années n'a pas pu empêcher une terrible chute de moral accompagnée de tous les symptômes de la dépression (angoisse, insomnies, cauchemars).

Au mois de **novembre 1961, ma mère est tombée dans le coma.** Malade depuis plusieurs mois, son état de santé s'était beaucoup dégradé suite à une embolie (aujourd'hui on parlerait plutôt d'AVC). De la voir ainsi diminuée trois mois durant à la maison fut un tourment pour toute la famille. Des discussions sans fin, des ingérences de la part d'une de mes sœurs en particulier, ne résolurent rien et ne firent qu'aggraver les tensions avec ma sœur Agustina, qui voulait en faire toujours plus et croyait faire mieux que nous qui avions gardé ma mère à la maison et nous occupions d'elle tous les jours.

Après avoir transporté ma mère en ambulance à Barcelone pour la montrer à un grand spécialiste et consulté deux autres médecins dont un qui fit le déplacement exprès de Barcelone pour venir la voir à la maison, il fut décidé de la soumettre, à 81 ans, à des décharges électriques pour voir si ce traitement de choc pouvait la faire réagir et la sortir du coma. En dépit de tout, ces médecins ne nous cachèrent jamais qu'il était impossible de lutter contre la vieillesse ou d'espérer la guérir de sa maladie, mais les exigences d'une partie de la famille allaient à l'encontre de la réalité.

Quelques jours plus tard, comme il fallait s'y attendre, se produisit le dénouement de cette douloureuse situation, et **le 17 février 1962, elle mourut, dans la nuit.** J'étais seul à ses côtés, lorsque tout à coup, le rictus de souffrance qui déformait sa bouche s'effaça, et une expression de calme apparut sur son visage, tourné sur le côté. C'est ainsi que ma pauvre mère rendit son dernier soupir. Sans quitter la chambre, j'ai crié : ça y est ! Tout est fini!

Deux jours plus tard, **le 19 février 1962** eut lieu **l'enterrement de ma mère**. Ceux qui m'ont vu suivre le cercueil jusqu'au cimetière, je l'ai appris plus tard, ont chuchoté à mon sujet : « On dirait un mort vivant! Est-ce lui qu'on va enterrer? Tellement je paraissais affaibli et abattu J'étais d'une pâleur extrême et ne pesais plus que 52 kilos alors que mon poids normal est de 60 kilos ».

Dans les années antérieures, à cause de ce que j'avais enduré pendant et après la guerre, si j'avais pu, **mon souhait** aurait été de **quitter l'Espagne**. Et dire que mon pays m'a tellement manqué par la suite, mais j'ai appris à l'aimer précisément dans les années où je me suis éloigné de lui. Quitter son pays d'origine n'est pas aussi facile qu'on le pense au premier abord :ma situation de condamné en liberté conditionnelle a longtemps été un obstacle à la délivrance d'un passeport et puis il y a eu toutes ces années où je ne pouvais espérer obtenir que des autorisations provisoires et exceptionnelles auprès de la garde civile.

Finalement je me suis décidé à déposer **une demande de passeport** mais les mois passaient et chaque fois que je me présentais au bureau de la gestion des passeports, je recevais toujours la même réponse à savoir qu'il n'était pas arrivé. Sans autre information et sur le conseil d'un collègue de travail de Can Roses, j'ai fini par solliciter les services d'un avocat de ses amis : Jordi Xeravins. Bien que sympathisant du régime franquiste tout comme le collègue de Can Rosès qui m'avait adressé à lui, cet homme de loi a dû mener un dur combat avant d'obtenir gain de cause. Devant la loi, en effet, j'étais dans mon bon droit et ils n'auraient jamais dû me refuser l'octroi du passeport, mais dans les faits, les fonctionnaires chargés de la délivrance des passeports n'en faisaient qu'à leur guise.

Après **huit mois d'attente vaine**, lorsque l'avocat prit mon affaire en main, ils finirent par lui dire que mon passeport se trouvait à la Préfecture de Police de la Via Layetana à Barcelone. Alors, il s'est rendu sur place, et quand ils lui ont demandé pourquoi je ne venais pas chercher le passeport moi-même, il leur a répondu que les agents du bureau de la gestion des passeports ne m'avaient jamais informé du lieu où il se trouvait, et que de plus, je n'avais pas reçu non plus, le moindre avis de leur part, m'indiquant la procédure à suivre. Il dut leur démontrer qu'il n'existait aucun motif légal qui les autorisait à procéder de la sorte et leur rappeler que la loi permettait l'octroi d'un passeport touristique conjointement aux sauf conduits de la garde civile, à partir du moment où la liberté conditionnelle avait été commuée en liberté définitive. Ils finirent par consentir à lui remettre mon passeport en mains propres à condition qu'il se porte garant pour moi ce qu'il accepta de faire sans hésitation.

Quand **j'ai enfin eu mon passeport**, ce devait être,

je ne suis pas sûr, en **1960**, la garde civile m'a délivré une nouvelle autorisation de circuler valable trois mois :

- « Vous n'allez pas rester là-bas? En France, n'est-ce pas ? Si c'était le cas, vous nous mettriez dans l'embarras.

- Non, ai-je répondu. Je vais seulement rendre visite à la famille et dans un mois au plus tard, je serai de retour. J'avais tellement envie de revoir ma sœur Maria, son mari Julio, et mes neveux et nièces »!

Et c'est ainsi que je me suis rendu **à Cahors en France,** pour la première fois depuis que Julio et Maria avaient quitté l'Espagne à la fin de la guerre. Ma dépression et la mélancolie profonde où je me trouvais m'ont empêché de rester en France cette fois encore. D'ailleurs, je ne parlais pas la langue, n'avais pas de travail en vue, et je craignais beaucoup trop les représailles que les autorités pourraient exercer sur ma famille adorée si je prenais ce risque. Mais le rêve de fuir mon pays où j'avais tant souffert et de vivre enfin libre ne me lâchait plus.

Je suis donc rentré à Rubi, comme promis, à la fin du mois, après avoir vu toute la famille et des amis de Castellar qui habitaient maintenant à Toulouse. Je n'ai jamais su si la garde civile avait vérifié ou non mes allées et venues. La vie a repris comme auparavant.

J'ai oublié de dire que dans les années précédentes, faute de pouvoir obtenir un passeport, je m'étais occupé de faire la demande de renouvellement pour ma mère et ma sœur Anita afin qu'elles puissent, elles aussi, aller à **Cahors** rendre visite à Maria et à la famille. Trois ou quatre voyages à Barcelone furent nécessaires pour cela, car, en ce temps-là, il fallait aussi les visas du consulat de France pour pouvoir entrer sur le territoire français.

Quand tous les documents furent prêts, avec Elisa et **Anita** alors **âgée de 8 ans**, nous avons accompagné ma mère et ma sœur Anita jusqu'à la frontière. Bien sûr, je mourrais d'envie de poursuivre le voyage avec elles. Juste avant d'entrer en gare de Porbou, les contrôleurs du train en contrôlant nos papiers m'ont dit :

- « Vous descendez à Porbou, n'est-ce pas?

- Oui, nous descendons à Porbou.

- En arrivant à Porbou, présentez-vous de suite au poste de police de la gare ».

En toute bonne foi j'ai obtempéré, et les policiers ont gardé mon sauf conduit qui était obligatoire pour circuler dans les zones frontières. Ils nous ont demandé si nous comptions passer la nuit à Porbou, et j'ai répondu que c'était bien le cas. Seulement le lendemain, quand je suis allé chercher le sauf conduit, il n'y avait personne au poste et j'ai dû attendre l'arrivée d'un agent.

- « Je ne suis pas au courant », me répondit le nouveau venu.

Après avoir cherché un bon moment, il finit par trouver ce que je lui demandais. A n'en pas douter, ce fut un exemple parfait des aléas de l'administration.

Au retour, nous avons fait une halte à **Port de la Selva** (Province de Gérone) Je crois bien que c'était la première fois que nous allions en famille dans un hôtel agréable et accueillant où nous avons dîné et passé la nuit. Le lendemain nous nous sommes vraiment bien amusés; j'en garde encore le souvenir d'une journée délicieuse, à profiter de la magnifique plage de sable et des paysages de Port de la Selva. Le matin suivant, nous avons dû reprendre le train qui nous ramenait à Barcelone et à la maison : notre budget ne nous permettait pas de rester plus longtemps.

Il me faut dire encore que ma mère et ma sœur Anita, après avoir passé la frontière à Porbou ont continué leur voyage, sans encombre, jusqu'à Cahors où elles sont restées trois mois avec Maria et les siens. Ils ne s'étaient pas vus depuis des années. Il me revient d'ailleurs en mémoire que quand je suis allé à la caserne de la garde civile à Rubi pour qu'ils signent et tamponnent leurs deux passeports, j'ai encore dû entendre qu'ils ne voulaient pas les autoriser à aller voir la famille.

- « Pourquoi donc ? ai-je demandé.

- Parce que les personnes que votre mère et votre sœur vont voir sont d'indésirables criminels *rojos* (des rouges). *Et nous ne voulons rien de plus* - je cite textuellement- *que vous enquiquiner* »!

Ma mère est vieille, il s'agit de sa fille et de ses petits-enfants, quel mal y a-t'il à ce qu'elle voie sa fille et ses petits enfants? Pourquoi mettre ainsi des bâtons dans les roues d'une pauvre vieille dame?

Vous trouverez sans doute qu'il y a de la noblesse et de l'humanité à agir de la sorte?

Il m'était impossible dans la situation qui était la

mienne de dire le fond de ma pensée devant de telles personnes ou d'exprimer tout à fait ce que je ressentais. J'ai donc été obligé d'avoir recours, là encore, à un notable influent auprès de la municipalité de Rubi. Cet homme était fasciste dans ses convictions mais néanmoins attentif à nos difficultés. Il s'appelait **Juanito Casasnovas**. Un jour, il a bien voulu m'accompagner au bureau de la garde civile à Rubi, et en sa présence, ils n'ont plus opposé aucune réticence ni commentaires désagréables.

Juanito Casasnovas était propriétaire de plusieurs taxis et en dépit de mon passé de *rojo,* il me connaissait bien. Il était menuisier et propriétaire de son atelier de menuiserie. Il effectuait souvent des travaux pour la fabrique de Can Roses, et malgré tout, il était devenu ami avec mon frère Andrès qui occupait le poste de chauffeur particulier d'un des propriétaires de Can Roses. Nous avions eu l'occasion aussi de faire plus ample connaissance dans des circonstances tout à fait inoubliables. C'est Juanito Casasnovas, en effet, qui à ma demande, est venu, en urgence, à la maison, pour **l'accouchement d'Elisa**. C'était en plein milieu de la nuit, à 2 heures du matin exactement, et il nous a conduit avec son taxi, Elisa, la sage-femme et moi, à la clinique de Sarria à Barcelone. La sage-femme nous avait mis en garde : il devenait dangereux d'attendre que le bébé naisse par les voies naturelles à notre domicile, et il faudrait, sans doute, se résoudre à utiliser les forceps si on voulait avoir une chance de sauver l'enfant.

Et c'est grâce à ce même Juanito Casasnovas que, huit ans plus tard, ma mère et ma sœur Anita ont pu enfin obtenir leurs passeports et réaliser leur voyage en France.

Beaucoup d'années encore se sont écoulées, et c'est, probablement, en 1958 ou 1959, je ne me rappelle plus, que j'ai moi-même pu aller en France voir ma sœur après toutes les difficultés et brimades rencontrées pour obtenir les passeports que j'ai racontées plus haut. À mon retour de ce voyage en France dont j'avais tant rêvé, d'autres semaines et mois, sont encore passées. J'avais toujours **le même désir de fuir le régime franquiste** chevillé au corps mais il me semblait plus raisonnable de ne plus y songer. Trop de choses paraissent problématiques : l'incertitude et l'insécurité plus que tout. Allais-je pouvoir me faire accepter en France ? Partir seul, cela voulait dire abandonner ma mère, ma femme et mes deux filles ? **C'était trop compliqué!** Il paraissait **plus sage d'y renoncer**. Dès lors, je me consacrais à améliorer le confort de la maison, remettant en état certains meubles qui avaient besoin d'être réparés. J'ai acheté aussi un nouveau matelas qui est probablement le meilleur que je n'ai jamais eu de ma vie, et après la mort de ma mère, j'ai transformé et modernisé les deux petits lits qui se trouvaient dans sa chambre.

José et Elisa à l'écoute de la radio à Rubi

CHAPITRE 21 - MORZINE

C'est à ce moment-là, alors que je commençais à me résigner, qu'un jour, **mon neveu Andrès m'annonça qu'il partait travailler en France.** Il allait rejoindre son frère Sébastian qui était déjà sur place et qui habite aujourd'hui en Australie avec toute sa famille. Andrès avait déjà passé quelque mois en France avec son frère et il me déclara sans ambages : « Vous qui avez toujours voulu partir en France, pourquoi ne viendriez-vous pas avec moi? Sebastian me dit qu'il y a assez de travail pour nous deux ».

J'ai beaucoup pesé le pour et le contre avant de prendre une décision Comme mon passeport était encore en cours de validité, je n'ai eu aucun mal à obtenir **un permis touristique de trois mois** auprès du consulat de France. J'ai ensuite demandé un congé sans solde pour une période équivalente à l'usine de Can Roses, et c'est alors, qu'ils m'ont informé que j'avais le droit de prendre une année sabbatique ce qui me garantissait de retrouver mon poste de travail, si jamais je ne souhaitais pas rester en France au-delà d'un an. Cette assurance inespérée de mon employeur m'encouragea à partir et j'entrepris **le voyage en France le 17 mai 1962**.

J'avais tellement douté et tergiversé qu'au moment de quitter la *Estacio de Francia* à Barcelone, lorsque le train s'ébranla, je fus envahi par un sentiment d'intense mélancolie à la pensée de ma famille et de tout ce que je laissais derrière moi, à cause de cette idée tenace de vouloir émigrer pour échapper au fascisme.

Ma première destination, tout à fait inconnue de moi, fut un petit village qui s'appelait **Montriond, juste à côté de**

Morzine. Une chambre réservée pour nous, nous y attendait. A l'heure du dîner Sebastian nous présenta **Gabino** en nous disant que c'était avec lui que nous allions devoir travailler. Je me souviens très bien de ses premières paroles :

- « Avec moi, il faut travailler dur, s'il y en a parmi vous à qui cela ne convient pas, ce n'est même pas la peine de commencer » !

Je me souviens lui avoir dit :

- « Pour ma part, je vais essayer, si je n'en suis pas capable, il ne me restera qu'à repartir »!

Pauvre de moi ! Avec ma dépression ! Pourquoi étais-je allé me mettre dans cette galère?

A dire vrai, je n'avais jamais autant souffert au travail que pendant ces trois premiers mois, mais je gagnais un bon salaire ce qui représentait une consolation et m'aidait à tenir le coup.

Dans ce laps de temps, les gendarmes nous ont rendu visite et je me rappelle que Jean Nerty, l'employeur de Gabino pour lequel il exécutait des travaux à la tâche, fut obligé de payer une contravention et nous aussi dûmes payer une amende symbolique de 10 frs chacun, mais ils finirent par lui donner la permission de nous embaucher avec un contrat de travail.

Quand ces trois premiers mois se furent écoulés, Gabino accepta un autre chantier toujours au forfait. Il s'agissait de transformer et d'agrandir une maison déjà existante nommée « **La Ruxot** » pour en faire un grand hôtel touristique. C'était un grand domaine avec de vastes espaces de terrains et nous fûmes chargés de réaliser les coffrages pour monter les murs d'enceinte de la propriété. L'entrepreneur était une femme, **Madame Brocandel**, architecte de métier et propriétaire des lieux. Son mari était aussi architecte, mais avec le temps, ils ont fini par divorcer.

Je me souviens de m'être disputé un jour avec Gabino à propos du travail. Je lui ai dit que je partais et demandé qu'il veuille bien me payer ce qu'il me devait, car travailler avec lui était inhumain !

C'était un dimanche, et l'après-midi j'ai fait un tour à Morzine, c'est là que se trouvait le chantier. *La Ruxot* était située juste en face de la salle de bal et de cinéma de Morzine. De loin, j'ai aperçu Gabino qui venait à ma rencontre.

- « Allons bon Señor Pepe, me dit-il, ne soyez plus fâché, dans une quinzaine de jours, nous partons en Espagne et je peux vous conduire dans ma voiture avec les autres ouvriers jusqu'à Rubi. Si vous ne souhaitez pas revenir travailler ici avec moi vous, n'aurez qu'à rester en Espagne ».

Il posa une main sur mon épaule et ajouta :

- « Allez venez! je vous offre un verre et une place de cinéma si vous voulez »!

C'était le film *Le Cid* avec Charlton Heston qui était à l'affiche ce jour-là. C'est ainsi que les choses finirent par s'arranger avec Gabino et que j'ai continué de travailler avec lui jusqu'à notre départ pour l'Espagne.

Si on m'avait prédit, à ce moment-là, qu'à cause de

ce voyage, Gabino allait faire la connaissance de ma fille Anita, et qu'ils allaient se fréquenter régulièrement, quand j'ai décidé d'émigrer à Morzine avec toute ma famille, et, plus encore, **qu'un jour, il deviendrait mon beau fils**, en épousant Anita, à peine âgée de 19 ans, **je ne l'aurais, sans doute, pas cru possible!**

Quand arriva le jour de notre départ pour l'Espagne, nous étions six dans la voiture et une cage de canaris que Manuel emportait avec lui. **Le voyage** fut assez pénible. Nous avons dormi **une nuit** chez un ouvrier de Gabino qui faisait route avec nous et qui habitait **à Salses** non loin de Perpignan. Nous avons dormi sur des matelas à même le sol, la maîtresse de maison, la pauvre, ne savait où donner de la tête : préparer le dîner, distribuer les draps et son mari qui ne l'avait pas prévenue disait-elle. Je me souviens à présent du nom de cet ouvrier, il s'appelait Menbrives, il était espagnol comme nous tous, mais vivait en France depuis déjà quelques années. Gabino avait rencontré Menbrives à Salses quand il se trouvait lui-même dans cette région et lorsqu'il était parti travailler à Morzine, Membrives avait été obligé de le suivre.

Le jour suivant nous avons continué le voyage. Je n'ai pas oublié qu'au moment de passer la frontière au **Le Perthus**, les douaniers nous ont demandé si nous avions quelque chose à déclarer. **Gabino** a répondu :

- « Non, nous n'avons rien à déclarer ».

Puis **l'agent des douanes**, un homme avec une grosse moustache qui lui cernait les joues, nous a demandé :

- « Et combien d'argent liquide avez-vous »?

- « En quoi cela vous regarde-t-il? rétorqua Gabino aussi sec. « Nous emportons avec nous l'argent dont nous avons besoin, c'est notre argent, nous l'avons bien gagné »!

A ces mots, le douanier n'hésita pas une seconde :

- « Sortez tous de la voiture immédiatement », nous ordonna-t-il, « prenez vos valises et entrez à l'intérieur du bureau des douanes. Et vous, Monsieur, donnez-moi votre portefeuille »! ajouta-t-il, en s'adressant à Gabino sur un ton autoritaire qui n'admettait aucune réplique.

Devenu plus calme, tout à coup, Gabino venait de comprendre qu'il existait des lois auxquelles il devait se soumettre et il remit son portefeuille au douanier sans broncher cette fois. Après avoir contrôlé ses papiers, l'agent compta lui-même l'argent qui s'y trouvait, laissa 2500 francs à l'intérieur, et le reste des billets, je ne sais pas quelle somme exactement, il le confisqua en disant qu'il pourrait le récupérer seulement à son retour.

Ensuite il demanda à Gabino d'ouvrir sa valise et après avoir procédé à une fouille méticuleuse de ses affaires, il n'importuna plus aucun de nous, et nous donna la permission de reprendre nos valises et de partir.

Nous abstenant de faire le moindre commentaire, nous sommes tous sortis les uns après les autres à la queue leu leu. Le temps de remettre un peu d'ordre dans sa valise, Gabino nous a rapidement rejoints à la voiture. En fait, le douanier s'en était pris uniquement à lui. Et je n'ai pas pu m'empêcher de penser que s'il lui avait répondu plus poliment, il ne se serait sans doute rien passé !

Trois heures plus tard, nous sommes arrivés à Rubi. Enfin, je pouvais respirer. Elisa nous a servi à boire. Anita, adolescente, ouvrait de grands yeux étonnés de voir tant de monde à la maison, et toi Mariona, c'est tout juste si tu as accepté, après tout ce temps sans me voir, que ton père t'embrasse. Tu t'es complètement désintéressée de toute cette agitation et a continué de jouer dans la rue comme si de rien n'était.

J'ai passé **un mois de vacances en famille** à la maison. C'était merveilleux de me retrouver ainsi avec ma femme et mes filles. **Je ne comprends pas comment en dépit de tout ce que j'avais déjà dû endurer avec Gabino, j'ai finalement décidé de repartir avec lui en France.** Il faut croire qu'on n'échappe pas à son destin!

A la fin du mois, Gabino était de retour de Béjar, la ville où vivait sa famille. Comme convenu il est passé chercher mes trois neveux Sebastian, Andres et Manuel, et il est venu voir si j'avais choisi de repartir avec eux en France ou de rester à Rubi. Je lui ai fait part de ma décision d'émigrer en France et du souhait de ma femme Elisa de m'accompagner une quinzaine de jours avec notre petite Maria, car cela lui permettrait de découvrir Morzine et de se préparer à me rejoindre plus tard. Gabino ne vit aucun inconvénient à ce que vous voyagiez toutes les deux avec nous dans la voiture, et c'est ainsi qu'il s'est retrouvé avec deux passagères supplémentaires, et que nous avons entrepris **le voyage du retour**. C'était au **mois d'août 1962**.

Comme jusque-là, j'avais été hébergé dans un hôtel,

un compagnon de travail, un certain **Miguelin** originaire des Asturies qui habitait dans une maison à Morzine nous **a** aimablement **offert l'hospitalité pour la durée de votre séjour** ce qui nous a permis de rester en famille le soir. Les quinze jours ont filé très vite et **je vous ai accompagnées en bus à La Clusaz** où vous avez pris le train du retour avec **un arrêt** prévu **à Béziers** où habitait une tante d'Elisa et des cousins. Vous avez passé deux ou trois jours chez eux avant de reprendre le train pour Barcelone et de rentrer à Rubi.

J'ai recommencé à me sentir seul. Pourtant peu de temps après votre départ, deux ou trois semaines, peut-être, après votre départ, la patronne, Madame Brocandel donna son accord pour que sa cuisinière nous prépare les repas. Elle nous hébergea également dans sa propre maison transformant deux grandes chambres en dortoirs pour les ouvriers qui étaient Andalous pour la plupart. Pour ma part, j'ai pu obtenir **une toute petite chambre** pour moi seul faisant valoir mon état dépressif et insomniaque, expliquant qu'il m'était impossible de dormir dans un environnement aussi bruyant.

Ce nouvel arrangement s'est mis en place quelque temps après notre retour d'Espagne, à cause des nombreux désaccords et conflits qui opposent Gabino à Madame Brocandel. Finalement **Gabino prit la décision d'abandonner le chantier de *la Roxot* laissant tous les ouvriers sous la responsabilité de Madame Brocandel.** Ainsi prennent fin nos relations de travail avec Gabino. Désormais ce n'était plus lui qui dirigeait les travaux de *la Roxot* mais un certain José Andaluz.

Dès que nous sommes passés sous sa responsabilité, Madame Brocandel a insisté pour que tous les ouvriers soient soumis à **une visite médicale à Annecy** afin de pouvoir nous délivrer des contrats de travail en bonne et due forme pour une durée réglementaire de six mois renouvelable.

Je me souviens d'avoir dû tricher un peu au moment de l'examen de la vue bien que le médecin qui m'a examiné ne m'ait pas paru trop attentif ni procédurier. J'ai entrouvert les doigts légèrement pour me permettre de lire avec mon œil droit ce que je ne voyais pas de mon œil gauche, mais il ne m'a pas fait la moindre observation. Sans ce petit subterfuge, j'aurais dû être déclaré inapte au travail.

Après le départ de Gabino les choses pour moi ont beaucoup changé et quand Madame Brocandel a su que j'étais menuisier de formation elle m'a tout de suite **placé dans une autre équipe** avec un certain Antonio Alcala et un autre homme, Monsieur Buayer qui était le contremaître de l'atelier de menuiserie. Monsieur et Madame Brocandel l'avaient recruté sur Paris et emmené avec eux à Morzine, lorsqu'ils avaient décidé de se lancer dans la construction de l'hôtel *la Roxot*.

Avant de me changer de poste, tandis que je travaillais encore dans le montage des coffrages comme manœuvre et au gré des besoins, on m'a confié la tâche de construire des escaliers qui permirent de franchir certains obstacles, c'est donc seulement après avoir fait mes preuves en quelque sorte, que j'ai commencé à travailler à la menuiserie sous les ordres de **Monsieur Buayer**, une belle et noble personne, dans les soixante ans, qui me prit en grande estime. **Antonio** était lui aussi une bonne personne quoique plutôt jaloux de caractère, **sa femme Maria**, a réservé le meilleur accueil à ma famille quand je l'ai amenée à Morzine. Elle nous a toujours entouré de toute son amitié et elle était la bonté même. J'ignore s'ils continuent d'habiter Morzine à ce jour. **Il y a quatorze ans de ça environ, nous leur avons rendu visite avec Elisa.** C'était à l'occasion d'un voyage que nous avons fait en Suisse où nous sommes passés par Chamonix et Morzine. Ça devait être en **1978** car je me souviens bien que **tu étais toi aussi en voyage** avec tes amis anglais en ex-Yougoslavie et que **je me faisais pas mal de souci à ton sujet, ma fille.** Quand tu liras ces lignes, Maria, tu pourras sans doute dater ces événements avec plus de précision, puisqu'après tout, c'est à ta demande que j'écris aujourd'hui tous ces souvenirs et à toi aussi que je dédie ces mémoires pour que tu en fasses ce que bon te semblera.

Alors que je travaillais à l'atelier comme menuisier, en plus des différents travaux nécessaires à la construction de l'hôtel, je me rappelle que nous avons effectué **différents boulots** pour des amis des Brocandel. Souvent il nous fallait travailler dans **d'assez mauvaises conditions,** surtout **à cause du froid**, bien sûr. Tout était recouvert de gel et de neige. Une fois, nous étions chargés de réparer le toit d'un magasin qui s'appelait *Le Chamois* et l'employée de maison nous a offert du vin chaud à plusieurs reprises. Une autre fois nous avons construit **une cabane** et pour confectionner **la toiture** nous avons dû faire une couverture avec des planches en bois qui étaient couvertes de glace. Nous avions allumé **un grand feu** pour nous réchauffer mais au moment de couper les planches, **nos mains gelaien**t, et mes mains étaient couvertes de gerçures et de crevasses extrêmement douloureuses.

Le chalet à Morzine

Maria à 4 ans

CHAPITRE 22 - ESPOIR

Sur ces entrefaites **le 26 septembre 1962 des intempéries dévastatrices** avaient provoqué une véritable catastrophe **dans la région de Rubi**. La nouvelle nous est parvenue un soir en regardant la télévision chez les Brocandel. Tous ceux qui avaient de la famille à Rubi, nous fûmes immédiatement autorisés à partir si nous souhaitions nous rendre sur place. Sans perdre une minute de plus et sans préparer de bagage ni réserver de billets de trains, nous avons sauté dans le premier autocar pour Thonon, et de là, pris un train jusqu'à Culoz à mi-chemin entre Thonon et Lyon. Les quais de la gare à Culoz glissaient comme du verre, la couche de glace était permanente. A Culoz nous sommes montés dans le premier train pour Lyon, et là, nous avons pris encore un autre train qui nous a amenés jusqu'à Narbonne. Après trois longues heures d'une attente interminable nous avons eu un autre train qui nous a déposés à Portbou. Une heure plus tard, nous étions enfin dans le train qui nous menait directement à Barcelone. En arrivant à Granollers à quelque vingt-cinq kilomètres de Barcelone, on a commencé à entrer dans la zone sinistrée, et nous avons pu constater, de nos propres yeux, l'ampleur des dégâts. Nous n'avions pas de nouvelles de nos familles, car toutes les communications téléphoniques étaient coupées avec Rubi Tarrassa et Sabadell. Nous entendions dire que les communications ferroviaires au départ de Barcelone et à destination de ces trois villes n'avaient toujours pas été rétablies.

Après plus de vingt heures d'attente et de voyage, l'inquiétude pour ne pas dire un certain désespoir nous envahit, car nous ignorions tout de ce qui nous attendait. Pourtant rien n'aurait pu nous retenir. Notre impatience au départ de Morzine était telle qu'elle nous empêcha de chercher des combinaisons plus directes, nous avons cru que notre méthode était la bonne et serait plus efficace qu'aucune autre. Nous nous trompions, bien sûr, et aurions pu faire le voyage en moins d'heures si nous nous étions préoccupés d'obtenir des billets sur des lignes plus directs et plus rapides. Nous finîmes tout de même par arriver à Barcelone. Et la correspondance pour Rubi ne prend pas plus de temps que d'habitude, le trafic ferroviaire étant retourné à la normale depuis la veille.

Ce fut un bonheur immense de retrouver ma famille saine et sauve et ma maison de Rubi demeurée intacte bien que située non loin d'une rivière en crue qui avait largement débordé. Beaucoup de personnes que nous connaissions avaient malheureusement perdu des proches ou des amis. Des familles entières avaient été emportées par les eaux, d'autres qui avaient survécu avaient vu leurs maisons rasées sous leurs yeux ou sérieusement endommagées par les inondations.

Ce déluge et l'ambiance de guerre qui suivit ce désastre, acheva de nous décider tout à fait, ta mère et moi à prendre un nouveau départ, et c'est ainsi que nous avons émigré en France, quelques mois plus tard, avec l'espoir de commencer une vie meilleure.

TABLE DES MATIÈRES

CHAPITRE 1 - ENFANCE

5

CHAPITRE 2 - APPRENTI MENUISIER

20

CHAPITRE 3 - ÉMOIS AMOUREUX ET GUERRE CIVILE

26

CHAPITRE 4 - ELISA

30

CHAPITRE 5 - TERUEL

33

CHAPITRE 6 - BLESSURE A L'OEIL

35

CHAPITRE 7 - LERIDA

38

CHAPITRE 8 - DÉBÂCLE SUR LE FRONT DE L'EBRE

45

CHAPITRE 9 - RETOUR À CASTELLAR

51

CHAPITRE 10 - EXODE

55
CHAPITRE 11 - DEMI TOUR

60
CHAPITRE 12 - DÉLATION ET EMPRISONNEMENT

64
CHAPITRE 13 - BELCHITE

73
CHAPITRE 14 - LIBERTE CONDITIONNELLE

87
CHAPITRE 15 - MARIAGE ET CAMPS DISCIPLINAIRES

90
CHAPITRE 16 - EVASION

101
CHAPITRE 17 - CLANDESTIN

104
CHAPITRE 18 - FIN DE LA CLANDESTINITÉ

114
CHAPITRE 19 - CAN ROSES

119
CHAPITRE 20 - LE REVE FRANCAIS

130
CHAPITRE 21 - MORZINE

138
CHAPITRE 22 - ESPOIR

148

© 2021, Jose Blazquez
Édition : BoD – Books on Demand,
12/14 rond-point des Champs-Élysées, 75008 Paris
Impression : BoD - Books on Demand, Norderstedt, Allemagne
ISBN: 9782322408825
Dépôt légal : Janvier 2022